Python

ドリルで入門プログラミング

星合隆成／植村 匠 [共著]

森北出版株式会社

はじめに

　プログラミングの学びは、主に「プログラミング的思考（論理的思考）の学び」と「プログラミング言語の学び」の2つに大別されます。

　2020年度より小学校で必修化された「プログラミングの学び」は、前者の「プログラミング的思考（論理的思考）の学び」にあたります。たとえば、紙でつくられたカードや積み木などを使って、作業や処理の手順の組み立て方（アンプラグドプログラミング）を学びます。

　さらに最近では、パソコン上でブロック（部品）を組み合わせることで作業や処理の手順の組み立て方を学ぶビジュアルプログラミングが注目されています。たとえば、2003年にNTTで開発されたVISCUIT（ビスケット）、2006年にマサチューセッツ工科大学のメディアラボで開発されたScratch（スクラッチ）などが有名です。

　これらにより、物事を分析・整理し、それらの相関関係を明らかにすることにより、物事のスタートからゴールまでの道筋を矛盾なく、一貫性をもって示す能力である「論理的思考」を身につけます。

　しかし、論理的思考の習得だけでは実際にプログラミングをするには不十分です。後者の「**プログラミング言語の学び**」も必要になるわけです。これは、コンピューターへの命令書である「プログラム」を作成するためのプログラミング言語を学ぶことを意味しています。すなわち、プログラミング言語を用いてプログラムを作成することにより、コンピューターを制御する方法を学ぶのです。本書は、この「プログラミング言語の学び」のための書籍になります。

　プログラミング言語には、CやJava、Pythonなど多くの種類が存在しています。中でも、データ分析、IoT（Internet of Things）、AI（人工知能）、クラウドを用いた処理が得意なPython（パイソン）が近年注目を浴びています。そのため、Pythonの書籍は近年たくさん出版されています。

　そうしたたくさんの書籍と比べて、本書には以下の特長があります。

◇ 小・中学生やその保護者の方、高校生や文系の大学生でも**わかりやすい表現や内容で構成**

◇ プログラミングの初心者が理解を深めるために、**繰り返し解く**ことのできる演習問題を多数用意

◇ 通学中の電車内やお昼休みなどちょっとした時間の合間でも学習できるように、パソコンを用いなくても学べる、赤シートを使った**ドリル形式**

本書では、「**はじめてプログラミング言語を学ぶ人が、Pythonを用いて簡単なプログラムを作成することができる**」ことを目標としています。年齢や動機を問わず、プログラミング言語を学んでみたくなった初心者の方や、Pythonなどのプログラミング言語の本格的な学習に向けて、事前学習をしたい方が本書の対象者です。

本全体にわたり使う漢字に気をつけ、わかりやすい説明や例えをしていますので、たとえば、小・中学生のお子様と一緒になって学べます。また、高校や文系の大学、子供向けのプログラミング教室での教材としても利用できます。さらに、コンパクトにまとめていますので、大学の入学前学習や最初の入学オリエンテーション (半日〜1日) でのプログラミング言語の導入教育にもご使用いただくことができます。

本書の各章 (Chapter) は、『**学習**』、『**復習**』、『**演習**』の3パートから構成されています。最初の学習パートでは、プログラミング言語の基本事項について学びます。次の復習パートでは、学習パートで学んだ内容をドリル問題で確認します。理解度を確かめ、わからなかった部分は学習パートに戻って学び直します。最後の演習パートでは、復習パートを発展させた応用問題に挑戦し、応用力・実践力を身につけます。

なお、本書はドリル形式ですので本書のみでも学べますが、パソコンと併用することでより効果的に学べます。実際にパソコンでプログラムを動かしながら学びたい方は、付録を参照ください。

本書が皆様のプログラミング言語への第一歩となることを期待いたします。

2021年2月

著者

本書の構成と読み方

各章 (Chapter) には、『学習』、『復習』、『演習』の3つのパートがあります。

- **学習パート**：プログラミング言語の基本事項についての解説です。各章で1テーマずつ大事なことを学びます。小中高生や初心者の方にもわかるような言葉で解説を行っています。
- **復習パート**：学習パートで学んだ内容を確認するためのドリル問題です。解くことで理解度を確かめ、わからなかった部分は学習パートに戻って学び直します。問題はわかるまで何度も解くことができます。
- **演習パート**：復習パートを発展させた応用問題です。たくさんの問題を間違えなくなるまで繰り返し解くことにより、応用力を身に着けます。

学習パートは20分、復習パートは10分、演習パートは30分が目安です。

また、各パートの中には、 チャレンジ マークが付いた項目や問題があります。発展的な内容になっていますので、難しく感じた場合は読み飛ばしても大丈夫です。マークのない項目や問題をマスターした人や、難しくても学びたい人は、ぜひ挑戦してみてください。

さらに学びたい方へ

- 実際にパソコンでプログラムを動かしながら学びたい方は、付録「コンピューターでPythonを動かす」を参照し、お手元のパソコンにPythonをインストールしてください。実際にプログラムをつくって、コンピューターで動かしてみることで、さらに理解が深まるでしょう。
- 赤シートを使ったドリル形式ではなく、**書き込みテスト形式**で問題を解きたい場合は、下記のURLより問題用紙のデータをダウンロードして、印刷してご利用ください。その際、本書の問題ページが答えとして使えます。なお、無料でダウンロードできます。

https://www.morikita.co.jp/books/mid/087231

復習・演習パートのやり方

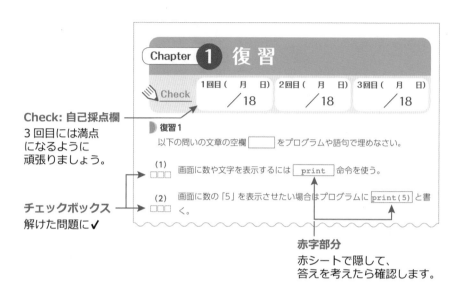

Check: 自己採点欄
3回目には満点
になるように
頑張りましょう。

チェックボックス
解けた問題に✔

赤字部分
赤シートで隠して、
答えを考えたら確認します。

Chapter 1 復習

1回目（　月　日）	2回目（　月　日）	3回目（　月　日）
／18	／18	／18

復習1
以下の問いの文章の空欄　　　をプログラムや語句で埋めなさい。

(1) 画面に数や文字を表示するには `print` 命令を使う。

(2) 画面に数の「5」を表示させたい場合はプログラムに `print(5)` と書く。

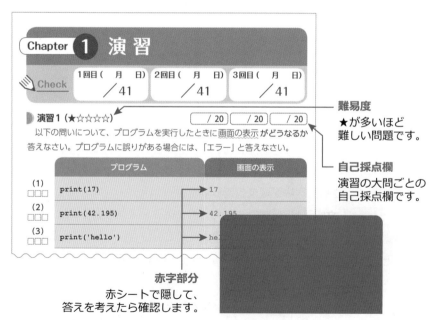

Chapter 1 演習

1回目（　月　日）	2回目（　月　日）	3回目（　月　日）
／41	／41	／41

難易度
★が多いほど
難しい問題です。

自己採点欄
演習の大問ごとの
自己採点欄です。

演習1（★☆☆☆☆）　　　／20　／20　／20
以下の問いについて、プログラムを実行したときに画面の表示がどうなるか
答えなさい。プログラムに誤りがある場合には、「エラー」と答えなさい。

	プログラム	画面の表示
(1)	`print(17)`	17
(2)	`print(42.195)`	42.195
(3)	`print('hello')`	he...

赤字部分
赤シートで隠して、
答えを考えたら確認します。

iv

目次

Chapter 1

画面に数や文字を表示する

　人間は、「見る」、「聞く」、「におう」、「味わう」、「ふれる」ことにより、さまざまな情報を外部から得ることができます。これを「五感」といいます。

　それでは、コンピューターが持っている情報を人間が得る（コンピューターが人間に情報を伝える）にはどうすればよいでしょうか？　次のような方法が考えられます。

① コンピューターが画面に情報を表示する。表示された情報を人間が見ることで情報を得る。

② コンピューターがプリンターを使って紙に情報を印刷する。印刷された情報を人間が見ることで情報を得る。

③ コンピューターがスピーカーを使って情報を音声で伝える。音声を人間が聞くことで情報を得る。

　ここでは、①の「コンピューターが画面に情報を表示し、表示された情報を人間が見ることで情報を得る」ことを目的に、「コンピューターに対して、画面に情報を表示させる」方法を学びましょう。

キーワード 　print命令、画面表示、数、文字、数字、コメントを書く

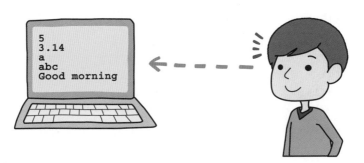

画面に数や文字を表示する

画面に数や文字を表示させる命令：print

　画面に数や文字を表示するには「print」という**命令（コマンド）**を使います。printは、元々「印刷する」という意味の英語です。Pythonでは、コンピューターの画面（ディスプレイ）に数や文字を表示するという意味になります。

print命令の使い方：print（数）

　print命令は、（ ）の中に書かれている**数**を画面に表示します。printなどの命令や、数は、必ず**半角**で記述します。たとえば、数の「5」を表示するには、以下の左のように書きます。右がこの命令を実行したときの画面の表示です。

```
print(5)
```

```
5
```

　5のような整数ばかりでなく、小数を表示することもできます。たとえば、円周率3.14も以下のようにして画面に表示できます。

```
print(3.14)
```

```
3.14
```

　print命令を続けて複数の「行」に書いた場合には、画面には複数の行に表示されます。print命令では、数を表示したあとに改行を行うためです。たとえば、以下のように、5の下の行に3.14が表示されることになります。

```
print(5)
print(3.14)
```

```
5
3.14
```

　ここで注意点があります。print命令は、1行に1つしか書くことができません。もし1行に複数のprint命令を書くと、**エラー**となります。

```
print(5) print(3.14)
```

エラー

　5と3.14を改行しないで、1行に続けて表示したい場合には、コンマ記号「,」を使って、以下のように書きます。

```
print(5,3.14)
```

5 3.14

▶ print命令の使い方：print('文字')

　5や3.14などの数ばかりでなく、「a」や「abc」などの**文字**を表示することもできます。ただし以下のように、文字の場合は表示させたい文字をシングルクォーテーション記号「'」、またはダブルクォーテーション記号「"」で囲みます。

```
print('a')
```

a

```
print("a")
```

a

```
print('abc')
```

abc

```
print("abc")
```

abc

```
print('a',"abc")
```

a abc

```
print(a)
```

エラー

　数だけや、文字だけでなく、数と文字を混ぜて表示することもできます。

```
print('Good','morning')
print('今は',8,'時です')
```

Good morning
今は 8 時です

チャレンジ 数と文字の違い

「1分は60秒である」という文字（文章）を考えてみましょう。これをprint命令で画面に表示するには、シングルクォーテーション記号「'」を用いて次のように書きます。

```
print('1分は60秒である')
```

> 1分は60秒である

ここで、シングルクォーテーション記号「'」に囲まれている1分の「1」や60秒の「60」は文字であり、数ではないため、足したり引いたりすることはできません。本書ではこのような文字を**数字**といいます（数字は文字であり、数ではありません）。これに対して、前述の「'今は', 8, '時です'」の「8」は数字ではなく数であることに注意してください。

数の1や60は、次のように足したり引いたりすることができます

```
print(1+60)
```

> 61

しかし、数字は足したり引いたりすることはできません。

```
print('1'+60)
```

> エラー

このように、数は足したり引いたりできる「量」としての性質を持っていますが、数字は「量」としての性質を持っていません。なお、一般的には「a」のように1字のものを文字、「abc」のように複数の文字から成るものを**文字列**といいますが、本書では「文字」で統一します。

チャレンジ プログラムの中にメモを残す ～コメントアウト

シャープ記号「#」や3つのシングルクォーテーション「'''」を使って、プログラムの中にメモを残すことができます。このメモを**コメントアウト**といいます。

・#を使った方法では「#からその行の最後まで」
・'''を使った方法では「'''と'''で挟まれたすべての行」

がコメントアウトとなります。

たとえば、以下のようなコメントアウト付のプログラムを実行した場合、コメントアウト（メモ）はプログラムの実行に影響を与えず、画面に表示されません。

```
#朝のあいさつは？
print('おはよう')
'''
夜のあいさつは？
日本ではこんばんは
'''
print('こんばんは')        #日本では？
```

```
おはよう
こんばんは
```

まとめ

- ☐ 画面に数や文字を表示するにはprint命令を使う。
- ☐ printなどの命令や、数は、**半角**で記述する。
- ☐ print命令では、数や文字を表示したあと、**改行**を行う。
- ☐ print命令は、1行に1つしか書くことができない。
- ☐ 1行に続けて数や文字を表示したい場合には、コンマ記号「,」を使う。なお、数だけ、文字だけでなく、数と文字を混ぜて表示することもできる。
- ☐ 文字は シングルクォーテーション「'」、または、ダブルクォーテーション「"」で囲む。

チャレンジ

- ☐ 数は足したり引いたりできるが、文字は足したり引いたりできない。
- ☐ 数字は文字であって、数ではない。
- ☐ プログラムの中にメモを書くことができる。これを**コメントアウト**という。
- ☐ #を使うと、#が書かれた場所からその行の最後までがコメントアウトされる。
- ☐ 複数行をコメントアウトする場合は、3つのシングルクォーテーション「'''」で挟む。

▶ **復習1**

以下の問いの文章の空欄 ☐ をプログラムや語句で埋めなさい。

(1)
☐☐☐ 画面に数や文字を表示するには | **print** | 命令を使う。

(2)
☐☐☐ 画面に数の「5」を表示させたい場合はプログラムに |print(5)| と書く。

(3)
☐☐☐ 画面に「こんにちは」という文字を表示させたい場合は、プログラムに
|print('こんにちは')| と書く。

※ダブルクォーテーションを使った **print("こんにちは")** でもよい。

(4)
☐☐☐ 1行に複数のprint命令を書くと | エラー | になる。

(5)
☐☐☐ print命令では数や文字を表示したあとに自動的に | 改行 | を行う
ため、次の行のprint命令で表示される数や文字は1行下に表示される。

(6)
☐☐☐ 複数の数や文字を、改行しないで1行に続けて表示したい場合には、
print命令の ( ) の中で | , | で数や文字を区切ればよい。

復習2

以下の問いについて、プログラムを実行したときに**画面の表示**がどうなるか答えなさい。プログラムに誤りがある場合には、「エラー」と答えなさい。

	プログラム	画面の表示
(1) □□□	`print(5)`	5
(2) □□□	`print(3.14)`	3.14
(3) □□□	`print(5)` `print(3.14)`	5 3.14
(4) □□□	`print(5) print(3.14)`	エラー
(5) □□□	`print(5,3.14)`	5 3.14
(6) □□□	`print('a')`	a
(7) □□□	`print("a")`	a
(8) □□□	`print('abc')`	abc
(9) □□□	`print("abc")`	abc
(10) □□□	`print(a)`	エラー
(11) □□□	`print('a',"abc")`	a abc
(12) □□□	`print('Good','morning')` `print('今は',8,'時です')`	Good morning 今は 8 時です

Chapter **1** 演習

▶ 演習1（★☆☆☆☆）　　　　　　　　　[　/20　][　/20　][　/20　]

以下の問いについて、プログラムを実行したときに**画面の表示**がどうなるか答えなさい。プログラムに誤りがある場合には、「エラー」と答えなさい。

	プログラム	画面の表示
(1) □□□	`print(17)`	17
(2) □□□	`print(42.195)`	42.195
(3) □□□	`print('hello')`	hello
(4) □□□	`print('おはよう')`	おはよう
(5) □□□	`print(こんにちは)`	エラー
(6) □□□	`print('print')`	print
(7) □□□	`print(print)`	エラー
(8) □□□	`print('2021')`	2021
(9) □□□	`print('one','two')`	one two
(10) □□□	`print('おはよう','こんにちは')`	おはよう　こんにちは
(11) □□□	`print('JIS','規格')`	JIS 規格
(12) □□□	`print(2021,4,1)`	2021 4 1

(13) ☐☐☐	`print('2021,4,1')`	2021,4,1
(14) ☐☐☐	`print('グー','チョキ','パー')`	グー チョキ パー
(15) ☐☐☐	`print(250,'円です')`	250 円です
(16) ☐☐☐	`print(250 '円です')`	エラー
(17) ☐☐☐	`print(2021 4)`	エラー
(18) ☐☐☐	`print('1行目') print('2行目')`	エラー
(19) ☐☐☐	`print('1行目')` `print('2行目')`	1行目 2行目
(20) ☐☐☐	`print('1行目','2行目')`	1行目 2行目

▶ 演習2 (★☆☆☆☆) [/7] [/7] [/7]

　以下の問いについて、画面の表示の通りの実行結果を得るための<u>プログラム</u>を答えなさい。

	プログラム	画面の表示
(1) ☐☐☐	`print(365)`	365
(2) ☐☐☐	`print(1.4142)`	1.4142
(3) ☐☐☐	`print('こんばんは')`	こんばんは
(4) ☐☐☐	`print('さようなら')` `print('ごきげんよう')`	さようなら ごきげんよう
(5) ☐☐☐	`print(1,1.5,2)`	1 1.5 2
(6) ☐☐☐	`print('定価',980,'円')`	定価 980 円
(7) ☐☐☐	`print('print(5)')`	print(5)

　以下の問いについて、プログラムを実行したときに**画面の表示**がどうなるか答えなさい。プログラムに誤りがある場合には、「エラー」と答えなさい。

	プログラム	画面の表示
(1) □□□	`print('2019')`	2019
(2) □□□	`print(2020,8,28)`	2020 8 28
(3) □□□	`print('2020,8,28')`	2020,8,28
(4) □□□	`print(ごきげんよう)`	エラー
(5) □□□	`print('ごきげんよう')`	ごきげんよう
(6) □□□	`print('ごきげん','よう')`	ごきげん よう
(7) □□□	`print('ごきげん,よう')`	ごきげん,よう
(8) □□□	`print('定価,980,円')`	定価,980,円
(9) □□□	`print('定価',980,'円')`	定価 980 円
(10) □□□	`print('定価','980','円')`	定価 980 円
(11) □□□	`print(1+2)`	3
(12) □□□	`print('1'+2)`	エラー

▶ 演習4 (★★★☆☆) チャレンジ /8 /8 /8

以下の問いについて、プログラムを実行したときに**画面の表示**がどうなるか答えなさい。プログラムに誤りがある場合には、「エラー」と答えなさい。また、画面に何も表示されない場合は「表示なし」と答えなさい。

	プログラム	画面の表示
(1) ☐☐☐	`print('いぬ')` `#動物`	いぬ
(2) ☐☐☐	`#動物` `print('さる')`	さる
(3) ☐☐☐	`#print('きじ')`	表示なし

(4) ☐☐☐	`'''`
	食べ物の名前につく
	動物の名前
	`'''`
	
	`print('きつね')`
		きつね

(5) ☐☐☐	動物の名前
	`print('たぬき')`
	`'''`
		表示なし

(6) ☐☐☐	`'''`
	食べ物の名前につく
	動物の名前
	`'''`
	`print('うぐいす')`
	`'''`
	カッパは動物なのか？
	`'''`
		うぐいす

(7) ☐☐☐	`''` 食べ物の名前につく 動物の名前 `''`	エラー

(8) ☐☐☐	`'''`
	`print('いぬ')`
	`'''`
	`print('さる')`
	`'''`
	`print('きじ')`
		エラー

Chapter 2

計算式の答えを求める

　前回は、print命令を用いて、数や文字を画面に表示させる方法を学びました。今回は、コンピューターに式を計算させて、その計算結果をprint命令で画面に表示させてみましょう。

　みなさんは次のような式を計算したことがあると思います。

$$4 + 3$$

本書では、このような式を計算式といいます。この答えは7になりますね。みなさんが今、頭の中で計算したことをコンピューターにさせることができるのです。

　それでは、print命令と式を用いて、コンピューターに式を計算させるプログラムを書いてみましょう。

キーワード 計算式（式）、四則演算子、足し算、引き算、掛け算、割り算、文字の連結、文字の繰り返し

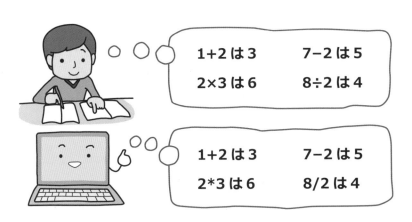

式を計算する

Pythonでは、式を計算させるプログラムを以下のように書くことができます。たとえば、「3足す2」という式の計算を行いたい場合は、次のようになります。

```
3+2
```

みなさんが算数で学んだ式と同じようにプログラムを書くことができます。**足し算や引き算**は算数と同じように、足し算記号「+」、引き算記号「−」を使うことで計算できます。

実際にこのプログラムを動かしてみると、5という計算結果が得られます。それでは、print命令を用いて、計算結果である数を画面に表示してみましょう。print命令の（　）の中に式を入れると、その計算結果を画面に表示させることができます。

```
print(3+2)
print(4.5+3.2)
print(3-2)
print(4.5-3.2)
```

```
5
7.7
1
1.3
```

掛け算と割り算には、みなさんがよく知っている算数とは違う記号を用います。掛け算記号「×」の代わりにアスタリスク記号「*」、割り算記号「÷」の代わりにスラッシュ記号「/」を使います。

```
print(3*2)
print(2*3.14)
print(3/2)
```

```
6
6.28
1.5
```

これらの記号「+」、「−」、「*」、「/」を「**四則演算子**」といいます。

なお、割り算は「0で割る」と**エラー**となってしまいプログラムが中止して

しまいます。たとえば「5割る0」を計算させた場合、エラーが出て、プログラムはその行で止まってしまいます。

```
print(5/0)
```

エラー

また、**計算の順番**は算数と同じです。() のついたものから先に計算され、次に掛け算・割り算、最後に足し算・引き算が計算されます。なお、割り算を含む計算結果は小数点ありで表示されます。

```
print(2+3*5+(4+8)/2)
print(2+3*5+4+8/2)
```

23.0
25.0

数と文字（数字）、文字（数字）どうしの計算を行うことはできません。Chapter 1で説明したように、数字は「量」としての性質を持っていないため、数字を計算式の中で使用することはできません。

```
print(2+'3')
```

エラー

```
print(2-'3')
```

エラー

```
print('2'-'3')
```

エラー

 チャレンジ 記号「+」、「*」を用いた文字操作について

記号「+」、「-」、「*」、「/」を使うことで数の計算はできますが、数と文字（数字）、および、文字（数字）どうしの計算はできません。

しかし、記号「+」、「*」を使った文字の操作はできます。ただし、これは計算ではないことに注意してください。たとえば、記号「+」を使えば、以下のように文字（数字）どうしの**連結**を行うことができます。

```
print('2'+'3')
```

23

```
print('あいうえお'+'うえ')
```
あいうえおうえ

```
print('2'+'です')
```
2です

さらに、記号「*」を使うことで、以下のように、指定した回数（正の整数回）だけ文字（数字）どうしの連結（繰り返しの連結）を行うことができます。

```
print('2'*3)
```
222

```
print('あい'*2)
```
あいあい

```
print(3*'2')
```
222

```
print(('2'+'3')*3)
```
232323

一方で、上記のルールに反する、以下のようなプログラムを実行すると、エラーとなります。

プログラム	エラーの理由
`print('あいうえお'-'うえ')`	文字どうしの引き算
`print('あいうえお'*'うえ')`	文字どうしの掛け算
`print('あいうえお'/'うえ')`	文字どうしの割り算
`print('123'-'45')`	数字どうしの引き算
`print('123'*'45')`	数字どうしの掛け算
`print('123'/'45')`	数字どうしの割り算
`print('abc'+3)`	文字と数の足し算
`print(3-'abc')`	数と文字の引き算
`print('abc'*3.14)`	文字と小数の掛け算
`print('abc'/3)`	文字と数の割り算
`print('123'+3)`	数字と数の足し算
`print(3-'123')`	数と数字の引き算
`print('123'*3.14)`	数字と小数の掛け算
`print('123'/3)`	数字と数の割り算

このように、文字（数字）における記号「+」、「*」は本来の計算処理でなく、記号「+」は文字（数字）どうしをつなげる処理として、記号「*」は「文字（数字）」を正の**整数**回繰り返す処理として使われます。

\ **まとめ** /

□ 算数のように、記号「+」、「-」、「*」、「/」を使った式の計算ができる。

□ 数をゼロで割るとエラーとなる。

□ 数と文字（数字）、文字（数字）どうしの計算はできない。

チャレンジ

□ 記号「+」を用いて、文字（数字）どうしを連結できる。

□ 記号「*」を用いて、文字（数字）を正の整数回繰り返すこと（繰り返しの連結）ができる。

≫ **Tips**

「`print(2+5)`」は、「`print`」、「`(`」、「`2`」、「`+`」、「`5`」、「`)`」の6つのパーツが組み合わさってできています。各パーツの間にはスペース記号をいくつ入れても大丈夫なので、プログラムが見やすいように「`print ( 2 + 5 )`」のようにスペースで間を空けて書くこともできます。しかし、「`print`」という命令を「`pri nt`」のように途中にスペースを入れて書くことはできません。

▶ 復習1

以下の問いの文章の空欄 □□□ を埋めなさい。

(1)
□□□ 足し算を行うときは 　+　 記号、引き算を行うときは 　−　 記号を使う。

(2)
□□□ 掛け算を行うときは 　*　 記号、割り算を行うときは 　/　 記号を使う。

(3)
□□□ 割り算を行うときは 　0　 で割ってはいけない。

(4)
□□□ 数と文字 (数字) を組み合わせた計算は できない 。

▶ 復習2

以下の問いについて、プログラムを実行したときに**画面の表示**がどうなるか答えなさい。プログラムに誤りがある場合には、「エラー」と答えなさい。

	プログラム	画面の表示
(1) □□□	`print( 3 + 2 )`	5
(2) □□□	`print( 4.5 + 3.2 )`	7.7
(3) □□□	`print( 3 - 2 )`	1
(4) □□□	`print( 4.5 - 3.1 )`	1.4
(5) □□□	`print( 3 * 2 )`	6
(6) □□□	`print( 3 / 2 )`	1.5

(7) ☐☐☐	`print( 5 / 0 )`	エラー
(8) ☐☐☐	`print( 2 + 3*5 + (4+8)/2 )`	23.0
(9) ☐☐☐	`print( 2 + '3' )`	エラー
(10) ☐☐☐	`print( 2 - '3' )`	エラー
(11) ☐☐☐	`print( '2' - '3' )`	エラー

▶ **復習3** チャレンジ

以下の問いの文章の空欄 ☐☐☐ を埋めなさい。

(1) ☐☐☐　文字 (数字) どうしを連結する場合には、| + | 記号を用いる。

(2) ☐☐☐　文字 (数字) を正の整数回繰り返し連結したい場合には、| * | 記号を用いる。

▶ **復習4** チャレンジ

以下の問いについて、プログラムを実行したときに**画面の表示**がどうなるか答えなさい。プログラムに誤りがある場合には、「エラー」と答えなさい。

	プログラム	画面の表示
(1) ☐☐☐	`print( '2' + '3' )`	23
(2) ☐☐☐	`print( '2' + 'です' )`	2です
(3) ☐☐☐	`print( '2' * 3 )`	222
(4) ☐☐☐	`print( 'あい' * 2 )`	あいあい
(5) ☐☐☐	`print( 3 * '2' )`	222
(6) ☐☐☐	`print( ('2'+'3') * 3 )`	232323

▶ **演習1 (★☆☆☆☆)**　　　　　　　　　　／30 ｜ ／30 ｜ ／30

以下の問いについて、プログラムを実行したときに**画面の表示**がどうなるか答えなさい。プログラムに誤りがある場合には、「エラー」と答えなさい。

	プログラム	画面の表示
(1) ☐☐☐	`print( 3 + 2 )`	5
(2) ☐☐☐	`print( 3 + 1.4 )`	4.4
(3) ☐☐☐	`print( 0.14 + 3 )`	3.14
(4) ☐☐☐	`print( 4.5 + 3.2 )`	7.7
(5) ☐☐☐	`print( 5.6 + 1.4 )`	7.0
(6) ☐☐☐	`print( 3 - 2 )`	1
(7) ☐☐☐	`print( 3 - 1.4 )`	1.6
(8) ☐☐☐	`print( 5.6 - 2 )`	3.6
(9) ☐☐☐	`print( 4.5 - 3.2 )`	1.3
(10) ☐☐☐	`print( 5.6 - 1.6 )`	4.0
(11) ☐☐☐	`print( 5 - 5 )`	0
(12) ☐☐☐	`print( 1.21 - 1.21 )`	0.0

(13) □□□	print(3 * 2)	6
(14) □□□	print(3 * 1.5)	4.5
(15) □□□	print(4.2 * 2)	8.4
(16) □□□	print(2 * 1.5)	3.0
(17) □□□	print(2.5 * 4)	10.0
(18) □□□	print(3.6 * 1.5)	5.4
(19) □□□	print(3 / 2)	1.5
(20) □□□	print(12 / 3)	4.0
(21) □□□	print(3 / 1.5)	2.0
(22) □□□	print(5 / 2)	2.5
(23) □□□	print(6.4 / 4)	1.6
(24) □□□	print(0.6 / 1.2)	0.5
(25) □□□	print(4.5 / 1.5)	3.0
(26) □□□	print(6 / 0)	エラー
(27) □□□	print(4.5 / 0)	エラー
(28) □□□	print(0 / 3)	0.0
(29) □□□	print(0 / 1.5)	0.0
(30) □□□	print(0 / 0)	エラー

演習2 （★★☆☆）

以下の問いについて、プログラムを実行したときに**画面の表示**がどうなるか答えなさい。プログラムに誤りがある場合には、「エラー」と答えなさい。

	プログラム	画面の表示
(1) □□□	`print( 1 + 3 + 4 - 8 )`	0
(2) □□□	`print( 4 + 5 - 2 * 3 )`	3
(3) □□□	`print( 6 + 8 - 8 / 2 )`	10.0
(4) □□□	`print( 7 * 0 + 3 * 2 )`	6
(5) □□□	`print( 7 * ( 0 + 3 ) * 2 )`	42
(6) □□□	`print( ( 1 + 2 ) * ( 3 + 4 ) )`	21
(7) □□□	`print( ( 14 + 6 ) * 4 / 5 )`	16.0
(8) □□□	`print( 2 * 8 / 4 )`	4.0
(9) □□□	`print( ( 10 + 2 ) * 3 / 0 )`	エラー
(10) □□□	`print( 6 / 0 + 2 * 3 )`	エラー
(11) □□□	`print( 6 / ( 0 + 2 ) * 3 )`	9.0
(12) □□□	`print( 32 / 2 / 2 / 2 )`	4.0
(13) □□□	`print( 3.6 * ( 1.3 + 3.7 ) )`	18.0
(14) □□□	`print( 15 / 3 * 7 )`	35.0
(15) □□□	`print( 24 / ( 3 - 2 - 1 ) )`	エラー

演習3 (★★☆☆) チャレンジ　　/15　　/15　　/15

以下の問いについて、プログラムを実行したときに**画面の表示**がどうなるか答えなさい。プログラムに誤りがある場合には、「エラー」と答えなさい。

プログラム	画面の表示
(1) □□□ `print( 'カレー' + 'うどん' )`	カレーうどん
(2) □□□ `print( 'abc' + 'いろは' )`	abcいろは
(3) □□□ `print( 'abc' + 'def' )`	abcdef
(4) □□□ `print( 'abc' / 'def' )`	エラー
(5) □□□ `print( 5 + 'abc' )`	エラー
(6) □□□ `print( 'abc' - 'def' )`	エラー
(7) □□□ `print( 'aabbcc' * 'bb' )`	エラー
(8) □□□ `print( '123' - '45' )`	エラー
(9) □□□ `print( 8 - 'abc' )`	エラー
(10) □□□ `print( 'ab' * 2 )`	abab
(11) □□□ `print( 'ab' * 2.5 )`	エラー
(12) □□□ `print( 2 * 'ab' )`	abab
(13) □□□ `print( 2.5 * 'ab' )`	エラー
(14) □□□ `print( 'aaa' / 3 )`	エラー
(15) □□□ `print( 'aaa' / 0 )`	エラー

以下の問いについて、プログラムを実行したときに**画面の表示**がどうなるか答えなさい。プログラムに誤りがある場合には、「エラー」と答えなさい。

	プログラム	画面の表示
(1) ☐☐☐	`print( 'ab' + 'cd' + 'ef' )`	abcdef
(2) ☐☐☐	`print( 'ab' + 'いろは' + 'ef' )`	abいろはef
(3) ☐☐☐	`print( 'ab' * 2 * 3 )`	abababababab
(4) ☐☐☐	`print( 'ab' * ( 2 * 3 ) )`	abababababab
(5) ☐☐☐	`print( 'ab' * ( 2 + 3 ) )`	ababababab
(6) ☐☐☐	`print( 'ab' * 2 + 3 )`	エラー
(7) ☐☐☐	`print( 2 * 'ab' * 3 )`	abababababab
(8) ☐☐☐	`print( 2 * 'ab' + 'cd' )`	ababcd
(9) ☐☐☐	`print( 'ab' * 2 + 'cd' )`	ababcd
(10) ☐☐☐	`print( 'ab' + 2 * 'cd' )`	abcdcd
(11) ☐☐☐	`print( 'ab' + 'cd' * 2 )`	abcdcd
(12) ☐☐☐	`print( ( 'ab' + 'cd' ) * 2 )`	abcdabcd
(13) ☐☐☐	`print( 'ab' * 'cd' )`	エラー
(14) ☐☐☐	`print( 'ab' * 2 + 'cd' * 3 )`	ababcdcdcd
(15) ☐☐☐	`print( 'ab' * 2 + 3 * 'cd' )`	ababcdcdcd

24

演習5 (★★★★★) チャレンジ

以下の問いについて、プログラムを実行したときに**画面の表示**がどうなるか答えなさい。プログラムに誤りがある場合には、「エラー」と答えなさい。

	プログラム	画面の表示
(1) □□□	`print( 5 + 7 )`	12
(2) □□□	`print( '5' + 7 )`	エラー
(3) □□□	`print( 5 + '7' )`	エラー
(4) □□□	`print( '5' + '7' )`	57
(5) □□□	`print( '5 + 7' )`	5 + 7
(6) □□□	`print( '5 + 7 = ' , 5 + 7 )`	5 + 7 = 12
(7) □□□	`print( '5' - '7' )`	エラー
(8) □□□	`print( '5' * '7' )`	エラー
(9) □□□	`print( '5' / '7' )`	エラー
(10) □□□	`print( '12' * 2 )`	1212
(11) □□□	`print( '12' - 2 )`	エラー
(12) □□□	`print( '12' / 2 )`	エラー

Chapter 3

数を比較する

日の出小学校の5年3組には10名（出席番号001〜010）の生徒がいます。
昨日の算数のテストが返されました。結果は次のようになりました。

出席番号	点数	出席番号	点数	平均点
001	78点	006	88点	67点
002	38点	007	64点	
003	96点	008	43点	
004	64点	009	94点	
005	45点	010	60点	

　各人の点数と平均点を比較することにより、平均点以上の生徒が誰なのか、
何人いるのかを知ることができます。たとえば、出席番号001の生徒は平均
点より高い点数であること、平均点以上の生徒は4名、平均点未満の生徒は6
名であることがわかりますね。生徒が10名ならこのように人間が簡単に求め
ることができますが、全国のたくさんの生徒を対象にするようなときには簡単
に求めることはできません。しかし、コンピューターに「数を比較させる」こ
とにより簡単に答えを導き出すことができるのです。ここでは、コンピューター
に「数を比較させる」方法を学びます。

キーワード 関係式、関係演算子、等しい、等しくない、以上、以下、
超過、未満

001番は平均点よりも高い！

数を比べる：関係式と関係演算子

Pythonでは、2つの数を比べるプログラムを、たとえば次のように書きます。

```
3 < 5
```

この「**3 < 5**」を「**関係式**」とよびます。また、「**<**」を「**関係演算子（比較演算子）**」とよびます。この関係式は、3は5より小さいということを意味しています。このプログラムを動かすと、コンピューターは「正しい」という答えを出してくれます。一方、「**3 > 5**」のプログラムを動かすと、コンピューターは「間違い」という答えを出してくれます。

それでは、コンピューターが出した答えを、print命令を使って画面に表示してみましょう。

```
print( 3 < 5 )
```

True

ちょっと難しく思えるかもしれませんが、コンピューターは「正しい」場合には、「True」と表示します。
　　　　　トゥルー

また、コンピューターは「間違い」の場合には、「False」と画面に表示します。
　　　　　　　　　　　　　　　　　　　　　　　　フォールス

```
print( 3 > 5 )
```

False

このように、Pythonでは、関係演算子を使って関係式をつくることで、その関係式が正しい（True）か間違い（False）かという形で**比較**を行うことができます。

次のページの表に、Pythonで使うことができる関係演算子をまとめておきます。覚えておきましょう。

記号	使い方	意味	使う際の注意
==	3 == 5	3と5は等しい	=ではない
!=	3 != 5	3と5は等しくない	
<	3 < 5	3は5より小さい (未満)	
>	3 > 5	3は5より大きい (超過)	
<=	3 <= 5	3は5と等しいか小さい (以下)	=<ではない
>=	3 >= 5	3は5と等しいか大きい (以上)	=>ではない

 数や式を比べる

　Pythonでは、数どうしを比べるだけでなく、数と式、式と式を比べることができます。たとえば、次のようになります。

```
print( 3 > 2+3 )
print( 3 > 5 )
print( 3+2 == 5 )
```

```
False
False
True
```

また、式どうしを比べると、たとえば，次のようになります。

```
print( 1+2*3 <= 4*(8-6) )
print( 3+2 == 1+4 )
```

```
True
True
```

「3足す2は5である」とは、(3+2) と5が等しいという意味です。

このことを、計算式 (3+2) は5と等しいという**関係式**で表せます。

```
3+2 == 5   [関係式]
```

「1+2*3 <= 4*(8-6)」を例に、演算の順序を考えてみましょう。左辺（左側）の式の計算結果は「7」になります。右辺（右側）の式の計算結果は「8」となります。したがって、「7 <= 8」の答えは「True」となります。

このように、**式の計算を行ったあとに比較**が行われます。

チャレンジ 文字どうしを比べる

さらに、Pythonでは文字どうしを比較することもできます。たとえば、文字どうしの「等しい」と「等しくない」という比較は次のようになります。

```
print( 'abc' == 'abc' )
print( 'abc' == 'def' )
print( 'abc' != 'def' )
print( 'abc' == 'ab'+'c' )
print( 'ab'+'ab' == 'ab'*2 )
```

```
True
False
True
True
True
```

その他にも、文字どうしの「大きい」や「小さい」といった比較を行うこともできますが、少し難しくなるので、本書では省略します。なお、文字と数を比べるとエラーになります。

まとめ

- ☐ 「==」、「!=」、「<」、「>」、「<=」、「>=」といった記号を使って、数や式（計算式）を比較する。
- ☐ 関係式が正しい場合、答えとして True を返す。
- ☐ 関係式が間違えている場合、答えとして False を返す。
- ☐ 式の計算を行ったあとに、比較を行う。

チャレンジ

- ☐ 文字どうしを比較することができる。
- ☐ 文字と数は比較できない。

「等しい」の記号は「==」なので注意してね**!**

「=」は「代入」という記号で、これについては Chapter 4 で学びましょう。

▶ 復習 1

以下の問いの意味を表す<u>関係式</u>を答えなさい。

	意味	関係式
(1) ☐☐☐	3 と 5 は等しい	3 == 5
(2) ☐☐☐	3 と 5 は等しくない	3 != 5
(3) ☐☐☐	3 は 5 より小さい（未満）	3 < 5
(4) ☐☐☐	3 は 5 より大きい（超過）	3 > 5
(5) ☐☐☐	3 は 5 と等しいか小さい（以下）	3 <= 5
(6) ☐☐☐	3 は 5 と等しいか大きい（以上）	3 >= 5

▶ 復習 2　☐☐☐

下の文章の空欄 ☐☐☐ を埋めなさい。

コンピューターは、関係式の答えが「正しい」場合には　**True**　、関係式の答えが「間違い」の場合には　**False**　を返す。

復習3

以下の問いについて、プログラムを実行したときに**画面の表示**がどうなるか
答えなさい。プログラムに誤りがある場合には、「エラー」と答えなさい。

プログラム	画面の表示
(1) □□□ `print( 3 < 5 )`	True
(2) □□□ `print( 3 > 5 )`	False
(3) □□□ `print( 3 > 2+3 )`	False
(4) □□□ `print( 3+2 == 5 )`	True
(5) □□□ `print( 1+2*3 <= 4*(8-6) )`	True
(6) □□□ `print( 3+2 == 1+4 )`	True

復習4 チャレンジ

以下の問いについて、プログラムを実行したときに**画面の表示**がどうなるか
答えなさい。プログラムに誤りがある場合には、「エラー」と答えなさい。

プログラム	画面の表示
(1) □□□ `print( 'abc' == 'abc' )`	True
(2) □□□ `print( 'abc' == 'def' )`	False
(3) □□□ `print( 'abc' != 'def' )`	True
(4) □□□ `print( 'abc' == 'ab'+'c' )`	True
(5) □□□ `print( 'ab'+'ab' == 'ab'*2 )`	True

3

数を比較する

▶ **演習1（★☆☆☆☆）**

| ／30 | ／30 | ／30 |

　以下の問いについて、プログラムを実行したときに**画面の表示**がどうなるか答えなさい。プログラムに誤りがある場合には、「エラー」と答えなさい。

	プログラム	画面の表示
(1) □□□	`print( 3 == 5 )`	False
(2) □□□	`print( 3 == 3 )`	True
(3) □□□	`print( 3 != 5 )`	True
(4) □□□	`print( 3 != 3 )`	False
(5) □□□	`print( 3 < 5 )`	True
(6) □□□	`print( 3 < 3 )`	False
(7) □□□	`print( 3 < 2 )`	False
(8) □□□	`print( 3 > 5 )`	False
(9) □□□	`print( 3 > 3 )`	False
(10) □□□	`print( 3 > 2 )`	True
(11) □□□	`print( 3 <= 5 )`	True
(12) □□□	`print( 3 <= 3 )`	True

(13) □□□	print(3 <= 2)	False
(14) □□□	print(3 >= 5)	False
(15) □□□	print(3 >= 3)	True
(16) □□□	print(3 >= 2)	True
(17) □□□	print(3.14 == 3)	False
(18) □□□	print(3.14 != 3.14)	False
(19) □□□	print(3.14 < 5)	True
(20) □□□	print(3.14 < 3)	False
(21) □□□	print(3.14 < 2)	False
(22) □□□	print(3.14 > 5)	False
(23) □□□	print(3.14 > 3)	True
(24) □□□	print(3.14 > 2)	True
(25) □□□	print(3.14 <= 5)	True
(26) □□□	print(3.14 <= 3)	False
(27) □□□	print(3.14 >= 3.14)	True
(28) □□□	print(3.14 = 3.14)	エラー
(29) □□□	print(3.14 =< 5)	エラー
(30) □□□	print(3.14 => 5)	エラー

以下の問いについて、プログラムを実行したときに**画面の表示**がどうなるか答えなさい。プログラムに誤りがある場合には、「エラー」と答えなさい。

	プログラム	画面の表示
(1) ☐☐☐	`print( 2+3 = 5 )`	エラー
(2) ☐☐☐	`print( 2+3 == 5 )`	True
(3) ☐☐☐	`print( 4+8 == 4*3 )`	True
(4) ☐☐☐	`print( 5-3 < 8-5 )`	True
(5) ☐☐☐	`print( 3/2 < 3/0 )`	エラー
(6) ☐☐☐	`print( 1/3 > 0.3 )`	True
(7) ☐☐☐	`print( 7/2 != 3.5 )`	False
(8) ☐☐☐	`print( 3*3+4*4 == 5*5 )`	True
(9) ☐☐☐	`print( (4+2)*3 != 4+2*3 )`	True
(10) ☐☐☐	`print( 3*4/2 <= 2*3 )`	True
(11) ☐☐☐	`print( 4+2*3 == 2*3+4 )`	True
(12) ☐☐☐	`print( 5+2*4 < 2*5+1 )`	False

演習3 (★★☆☆) 　/6 　/6 　/6

以下の問いの意味を表す**関係式**を答えなさい。

	意味	関係式
(1) ☐☐☐	3+4と7は等しい	3+4 == 7
(2) ☐☐☐	7+8と9+5は等しくない	7+8 != 9+5
(3) ☐☐☐	3×3は3×4より小さい (未満)	3*3 < 3*4
(4) ☐☐☐	3×2は3÷2より大きい (超過)	3*2 > 3/2
(5) ☐☐☐	3×2は8以下である	3*2 <= 8
(6) ☐☐☐	3×3は8以上である	3*3 >= 8

演習4 (★★★☆) チャレンジ 　/10 　/10 　/10

以下の問いについて、プログラムを実行したときに**画面の表示**がどうなるか答えなさい。プログラムに誤りがある場合には、「エラー」と答えなさい。

	プログラム	画面の表示
(1) ☐☐☐	print('cat' == 'cat')	True
(2) ☐☐☐	print('いぬ' == 'ねこ')	False
(3) ☐☐☐	print('cat' == 'rat')	False
(4) ☐☐☐	print('cat' != 'cat')	False
(5) ☐☐☐	print('いぬ' != 'ねこ')	True
(6) ☐☐☐	print('cat' != 'rat')	True
(7) ☐☐☐	print('abc' != 'ab'+'c')	False

(8) ☐☐☐	`print( 'abc'+'ab' == 'ab'*2 )`	False
(9) ☐☐☐	`print( '12' == 12 )`	False
(10) ☐☐☐	`print( '12' == '12' )`	True

Chapter 4

数や文字を保存する

3個のリンゴと2個のリンゴ、合わせて何個でしょうか？　式にしてみます。

$$3 + 2 = \boxed{5} \qquad \cdots 式(1)$$

3足す2は5ですね。式(1)は、Chapter 3で説明した関係式です。左辺の計算式「3+2」と「5」は等しい関係であることを意味しています。したがって、これをPythonで記述すると、次のようになります。

$$3 + 2 == 5 \qquad \cdots 式(2)$$

ちなみに、Pythonでは「3＋2＝5」と書くとエラーになりましたね。

実は、式(1)にはもう一つの意味があります。式(3)に示すように、3足す2の計算結果を四角（箱）の中に入れなさいという意味です。

$$3 + 2 = \boxed{} \qquad \cdots 式(3)$$

計算式の計算結果を箱に入れることを、Pythonでは次のように表します。

$$\boxed{} = 3 + 2 \qquad \cdots 式(4)$$

計算式「3＋2」と箱の順序が入れ換わることに注意して下さい。

ここで、箱のことを「**変数**」、箱に値を入れることを「**代入**」といいます。実際は、箱ではなく、「A」や「b」などのアルファベットが用いられます。たとえば、Pythonでは次のように記述できます。

$$A = 3 + 2 \qquad \cdots 式(5)$$

式(5)は、右辺の計算式の結果「5」を、「A」と名付けられた箱の中に**保存**するということを意味しています。ここでは、数、文字（数字）、計算式、関係式の結果を箱（変数）に代入する方法、箱を使った計算方法について学びます。

キーワード 箱（変数）、保存（代入）、箱（変数）を使った計算や比較

代入 $\boxed{5} = 3 + 2$ ⇨ $3 + 2 = \boxed{5}$ [3足す2は5] ⇨ 関係式 $3 + 2 == \boxed{5}$

数や計算式・関係式の結果を保存する

数や計算式・関係式の結果を保存する

　名前を付けた箱の中に、数を入れて保存することができます。この箱のことを「**変数**」、保存することを「**代入**」とよびますが、ここでは、「**箱**」と「**保存**」という言葉で説明を進めます。

　たとえば、数「5」を「a」という名前の箱に保存してみましょう。以下のようになります。

```
 a = 5
```

　「=」が保存するという意味です。本当に箱「a」の中に数「5」が保存されているか、print命令を使って画面に表示して、確認してみましょう。

```
 a = 5
 print( a )
```

```
 5
```

　同様に、計算式の結果や関係式の結果を箱に保存することもできます。

```
 a = 3.14 + 5
 print( a )
 b = 2 < 3
 print( b )
```

```
 8.14
 True
```

　プログラムの1行目で、計算式「3.14 + 5」の結果である「8.14」を箱「a」に保存しています。プログラムの3行目で、関係式「2 < 3」の結果である「True」を箱「b」に保存しています。

　なお、以下のように、何も保存されていない箱「c」はエラーとなります。

```
 c
```

```
 エラー
```

箱の中身を入れかえる

箱の中身を入れかえることができます。たとえば、次のようにして、箱の中身である数「5」を入れかえることができます。

```
a = 5
print( a )
a = 3.14 + 5
print( a )
a = 2 < 3      #a=（2＜3）とも書けます
print( a )
```

```
5
8.14
True
```

この章では慣れるまでしばらくは、プログラムを1行ずつ丁寧に説明しましょう。

① 箱「a」に数「5」を保存します。
② この時点での箱「a」の中身を画面に表示します。
③ 箱「a」に計算式「3.14＋5」の結果を保存します。
④ この時点での箱「a」の中身を画面に表示します。
⑤ 箱「a」に関係式「2＜3」の比較結果である「True」を保存します。
⑥ この時点での箱「a」の中身を画面に表示します。

画面の表示の変化から、箱「a」の中身が入れかわったことがわかります。

箱の中身を使って計算をする

箱の中身を使ってさまざまな計算をすることができます。たとえば、以下のようになります。

```
a = 10
b = 3.14
c = a + b
print( c )
```

```
13.14
```

① 箱「a」に数「10」を保存します。

② 箱「b」に数「3.14」を保存します。

③ 箱「a」の中身と箱「b」の中身を足した結果を、箱「c」に保存します。

④ 箱「c」の中身を画面に表示します。

画面の表示を見れば、箱「c」の中身が「13.14」であり、プログラムの③行目において箱の中身どうしの足し算が正しく計算されたことがわかります。

なお、後々この計算結果を別の計算に何度も利用する場合には、計算結果を箱「c」に保存しておくと、何度も計算する必要がなくなります。

また同様にして、箱の中身どうしの足し算ばかりでなく、次のように箱の中身と数を足すこともできます。

```
a = 10
c = a + 3.14
print( c )
```

```
13.14
```

さらに、箱の中身どうしを足した結果で、箱の中身を入れかえてみましょう。たとえば、以下のようになります。

```
a = 10
b = 3.14
a = a + b
print( a )
```

```
13.14
```

① 箱「a」に「10」を保存します。

② 箱「b」に「3.14」を保存します。

③ 箱「a」の中身と箱「b」の中身を足した結果を、箱「a」に保存します。つまり、箱「a」の中身を新しい中身に入れかえるのです。その結果、箱「a」の中身は「10」から「13.14」に入れかわります。

④ 箱「a」の新しい中身である「13.14」が画面に表示されます。

なお、プログラムの3行目（③）で、記号「=」の両側に同じ箱「a」があって気持ち悪く感じるかもしれません。Pythonでは、記号「=」は等号ではなく、右側の結果を左側の箱に保存することを意味している点、等号は「==」で表す点に注意しましょう。

箱の中身を使って比較する

箱の中身を使って、箱の中身どうしを比較することや、箱の中身と数を比較することもできます。たとえば、以下のようになります。

```
a = 10
b = 3.14
c = a < b
print( a )
print( c )
a = a == 10
print( a )
```

```
10
False
True
```

① 箱「a」に数「10」を保存します。

② 箱「b」に数「3.14」を保存します。

③ 箱「a」の中身と箱「b」の中身を比較した結果である「False」を、箱「c」に保存します。

④ 箱「a」の中身である「10」を画面に表示します。

⑤ 箱「c」の中身である「False」を画面に表示します。

⑥ 箱「a」の中身である「10」と数「10」を比較した結果である「True」を、箱「a」に保存します。

⑦ 箱「a」の中身である「True」を画面に表示します。画面の表示から、箱「a」の中身が「10」から「True」に入れかわっていることがわかります。

文字を保存する

文字を保存する

数ばかりでなく、文字を箱の中に入れて保存することもできます。たとえば、次のようにして、文字「hello」を「a」という名前の箱に保存できます。

```
a = 'hello'
print( a )
```

```
hello
```

箱の中身を入れかえる

箱の中身を入れかえて、新たな文字を保存することができます。たとえば、次のように、箱の中身を「hello」から文字「world」に入れかえることができます。

```
a = 'hello'
print( a )
a = 'world'
print( a )
a = 'hello' == 'world'
print( a )
```

```
hello
world
False
```

画面の表示の変化から、箱「a」の中身が入れかわったことがわかります。

チャレンジ 箱に保存した文字に対する文字操作

箱の中身を使って文字をつなげる

箱の中身を使って文字どうしをつなげることができます。たとえば、以下です。

```
a = 'hello'
b = 'world'
c = a + b
d = 'hello' + 'world'
print( c )
print( d )
```

```
helloworld
helloworld
```

① 箱「a」に文字「hello」を保存します。
② 箱「b」に文字「world」を保存します。
③ 箱「a」の中身と箱「b」の中身をつなげた結果を、箱「c」に保存します。
④ 文字「hello」と文字「world」をつなげた結果を、箱「d」に保存します。
⑤ 箱「c」の中身を画面に表示します。
⑥ 箱「d」の中身を画面に表示します。

画面の表示を見れば、箱「c」と箱「d」の中身が「helloworld」であり、文字「hello」と「world」が正しくつなげられたことがわかります。

また、次のように、箱の中身と文字をつなげることもできます。

```
a = 'hello'
c = a + 'world'
print( c )
```

```
helloworld
```

さらに、箱の中身どうしをつなげた結果で、箱の中身を入れかえることもできます。

```
a = 'hello'
b = 'world'
a = a + b
print( a )
```

```
helloworld
```

箱の中身を使って比較する

箱の中身を使って、箱の中身どうしを比較することや、箱の中身と文字を比較することもできます。たとえば、以下のようになります。

```
a = 'hello'
b = 'world'
c = ( a == b )
print( a == b )
print( a == 'hello' )
print( a != 'world' )
print( c )
```

```
False
True
True
False
```

① 箱「a」に文字「hello」を保存します。
② 箱「b」に文字「world」を保存します。
③ 箱「a」の中身と箱「b」の中身を「==」で比較した結果を、箱「c」に保存します。

④ 箱「a」の中身と箱「b」の中身を「==」で比較した場合、両者は等しくなく、「==」は正しくないことから、「False」が表示されます。

⑤ 箱「a」の中身と文字「hello」を「==」で比較した場合は、両者は等しく、「==」は正しいことから、「True」が表示されます。

⑥ 箱「a」の中身と文字「world」を「!=」で比較した場合、両者は等しくなく、「!=」は正しいことから、「True」が表示されます。

⑦ 箱「c」の中身を表示します。③行目で箱「c」に「False」が保存されていたことがわかります。

チャレンジ 箱に名前をつけるときに注意すること

箱の名前には、アルファベットと数字、アンダースコア記号「_」が使えます。ただし、先頭の文字に数字を使うことはできません。また、「print」のように命令として使用されている名前（予約語）も使えません。

名前として使用できる例：

```
a  B  F  A1  goukei  goukei_kingaku
```

名前として使用できない例：

```
3a  goukei-kingaku  abc+  print  pass
```

> Tips：命令として使用されている名前（予約語）
>
> False, None, True, and, as, assert, async, await, break, class, continue, def, del, elif, else, except, finally, for, from, global, if, import, in, is, lambda, nonlocal, not, or, pass, raise, return, try, while, with, yield

箱の名前には、「_abc」のように先頭に _ （アンダースコア）記号は使うことはできますが、慣例として特別な意味を持たせる場合に使うので、普段は使わないようにしましょう。

また、Pythonのバージョン3以降では、記号や絵文字を除く、漢字やひらがな、カタカナ、全角英数字などが変数名として使うことができるようになり

ました。しかし、漢字やひらがななどで変数名を付けることはプログラミングでは一般的ではありませんので、使わないようにしましょう。

> \ まとめ /
>
> ☐ 記号「=」を使って、数や文字、計算式や関係式の結果を、名前を付けた箱の中に入れて保存することができる。
>
> ☐ 箱の中身を入れかえて、新たな数や文字、計算式や関係式の結果を保存することができる。
>
> ☐ 箱の中身を使って、さまざまな計算をすることができる。
>
> ☐ 箱の中身を使って、箱の中身を入れかえることができる。
>
> ☐ 箱の中身を使って、さまざまな比較をすることができる。
>
> ☐ 箱の中身を使って、文字どうしをつなげることができる。

箱には、
数、文字（数字）、計算式の計算結果、
関係式の結果を**保存**できる。

箱の中身を使って、**計算や比較**もできる。

▶ **復習1**

　以下の問いについて、プログラムを実行したときに**画面の表示**がどうなるか
答えなさい。プログラムに誤りがある場合には、「エラー」と答えなさい。

	プログラム	画面の表示
(1) □□□	`a = 5` `print( a )`	5

(2)
□□□
	`a = 5`
	`print( a )`
	`a = 3.14 + 5`
	`print( a )`
	`a = 2 < 3`
	`print( a )`
		5
		8.14
		True

(3)
□□□
	`a = 10`
	`b = 3.14`
	`c = a + b`
	`print( c )`
		13.14

(4)
□□□
	`a = 10`
	`c = a + 3.14`
	`print( c )`
		13.14

(5)
□□□
	`a = 10`
	`b = 3.14`
	`a = a + b`
	`print( a )`
		13.14

(6)
□□□
	`a = 10`
	`b = 3.14`
	`c = a < b`
	`print( a )`
	`print( c )`
	`a = a == 10`
	`print( a )`
		10
		False
		True

	プログラム	画面の表示
(7) ☐☐☐	``` a = 'hello' print(a) ```	hello
(8) ☐☐☐	``` a = 'hello' print(a) a = 'world' print(a) a = 'hello' == 'world' print(a) ```	hello world False

▶ 復習2 チャレンジ

以下の問いについて、プログラムを実行したときに**画面の表示**がどうなるか答えなさい。プログラムに誤りがある場合には、「エラー」と答えなさい。

	プログラム	画面の表示
(1) ☐☐☐	``` a = 'hello' b = 'world' c = a + b d = 'hello' + 'world' print(c) print(d) ```	helloworld helloworld
(2) ☐☐☐	``` a = 'hello' c = a + 'world' print(c) ```	helloworld
(3) ☐☐☐	``` a = 'hello' b = 'world' a = a + b print(a) ```	helloworld
(4) ☐☐☐	``` a = 'hello' b = 'world' c = (a == b) print(a == b) print(a == 'hello') print(a != 'world') print(c) ```	False True True False

演習1 (★★☆☆)

/12 　 /12 　 /12

以下の問いについて、プログラムを実行したときに**画面の表示**がどうなるか
答えなさい。

	プログラム	画面の表示
(1) ☐☐☐	`a = 31` `print( a )`	31

(2) ☐☐☐	`a = 100`
	`print( a )`
	`a = 42.195`
	`print( a )`
		100
		42.195

(3) ☐☐☐	`a = 100`
	`print( a )`
	`a = 'hello'`
	`print( a )`
		100
		hello

(4) ☐☐☐	`a = 17`
	`b = 2.23`
	`c = a + b`
	`print( c )`
		19.23

(5) ☐☐☐	`a = 2+4 < 3+5` `print( a )`	True

(6) ☐☐☐	`a = 100`
	`c = a * 3.14`
	`print( c )`
		314.0

(7) ☐☐☐	`a = 100`
	`b = 42.195`
	`a = a + b`
	`print( a )`
		142.195

(8) ☐☐☐	`a = 19` `print( a < 10 )`	False

| (9) ☐☐☐ | ```
a = 19
b = 33
print( a < b )
``` | True |

| (10) ☐☐☐ | ```
a = 'base'
print( a )
``` | base |

| (11) ☐☐☐ | ```
a = 'base'
print( a )
a = 'ball'
print( a )
``` | base<br>ball |

| (12) ☐☐☐ | ```
a = 'base'
print( a )
a = 1.8
print( a )
``` | base<br>1.8 |

▶ **演習2（★★★★☆）** チャレンジ ☐/5 ☐/5 ☐/5

下の問いについて、プログラムを実行したときに<u>画面の表示</u>がどうなるか答えなさい。

	プログラム	画面の表示
| (1) ☐☐☐ | ```
a = 'base' + 'ball'
print( a )
``` | baseball |
| (2) ☐☐☐ | ```
a = 'base'
c = a + 'ball'
print( c )
``` | baseball |
| (3) ☐☐☐ | ```
a = 'base'
b = 'ball'
a = a + b
print( a )
``` | baseball |
| (4) ☐☐☐ | ```
a = 'base'
b = 'ball'
print( a != b )
print( a != 'base' )
print( a == 'ball' )
``` | True<br>False<br>False |
| (5) ☐☐☐ | ```
a = 'base'
b = 'ball'
c = a != b
print( c )
``` | True |
```

以下の問いについて、プログラムを実行したときに**画面の表示**がどうなるか答えなさい。

	プログラム	画面の表示
(1) ☐☐☐	`n = 10` `print( n )`	10
(2) ☐☐☐	`pi = 3.14` `print( pi )`	3.14
(3) ☐☐☐	`txt = 'こんにちは'` `print( txt )`	こんにちは
(4) ☐☐☐	`a = 100 + 3.14` `print( a )`	103.14
(5) ☐☐☐	`x = 100` `print( x + 50 )`	150

(6) ☐☐☐	`chokkei = 10`
	`ensyuuritsu = 3.14`
	`print( ensyuuritsu * chokkei )`
		31.4

(7) ☐☐☐	`kazu1 = 1.41`
	`kazu2 = 2.23`
	`goukei = kazu1 + kazu2`
	`print( goukei )`
		3.64

(8) ☐☐☐	`a = 5 * 3.5` `print( a )`	17.5
(9) ☐☐☐	`a = 1 / 4` `print( a )`	0.25

(10) ☐☐☐	`a = 1 / 4`
	`b = 0.3`
	`print( a > b )`
		False

(11) ☐☐☐	`a = 0`
	`print( a )`
	`a = a + 3`
	`print( a )`
	`a = a + 3`
	`print( a )`
		0
		3
		6

	プログラム	画面の表示

(12) □□□	```a = 1```
	 ```print(a)```
	 ```a = a * 2```
	 ```print(a)```
	 ```a = a * 2```
	 ```print(a)```
		1
		 2
		 4

(13) □□□	```a = 10```
	 ```b = 7```
	 ```a = a + b```
	 ```b = a + b```
	 ```print(a)```
	 ```print(b)```
		17
		 24

▶ 演習4 (★★★★☆) チャレンジ   /5   /5   /5

以下の問いについて、プログラムを実行したときに**画面の表示**がどうなるか答えなさい。

	プログラム	画面の表示

(1) □□□	```namae = 'たろう'```
	 ```keisyou = namae + 'さん'```
	 ```print(keisyou)```
		たろうさん

(2) □□□	```gu = 'たぬき'```
	 ```men = 'そば'```
	 ```print(gu + men)```
		たぬきそば

(3) □□□	```x = 'きつね'```
	 ```y = 'うどん'```
	 ```z = x + y```
	 ```print(z)```
		きつねうどん

(4) □□□	```a = 'トラ'```
	 ```a = a*3```
	 ```print(a)```
		トラトラトラ

(5) □□□	```a = 'きつね'```
	 ```b = 'うどん'```
	 ```a = a + b```
	 ```print(a)```
	 ```print(b)```
		きつねうどん
		 うどん

▶ 演習5（★★★☆☆）

　以下の問いのプログラムを実行すると、エラーが出て止まってしまいます。それぞれのプログラムについて、**間違っているところ**を答えなさい。

プログラム	間違っているところ
(1) `a = 5 / 0`	0の割り算はできない
(2) `a = 100` `print( b )`	箱bは存在していない
(3) `a`	箱aに数や文字が保存されていない
(4) `a = 100` `c = a + b`	箱bに数が保存されていない
(5) `a = 10` `a = a + 'hello'`	数と文字を足し算している

箱に情報を**保存**しておくと、好きなときに取り出して使えるので、便利ですよ**！**

Chapter **5**

コンピューターと対話する

　Chapter 1において、コンピューターが持っている情報を人間が得るために、「コンピューターに対して、画面に情報を表示させる」方法を学びました。ここでは、人間が持っている情報をコンピューターに与える方法について学びましょう。これらにより、人間とコンピューターの**対話**が可能になります。

　それでは、人間が持っている情報をコンピューターに与えるにはどうすればよいでしょうか？　次のような方法が考えられます。

① 人がキーボードを用いてコンピューターに情報を与える。コンピューターはキーボードから入力された情報を得る。これを**標準入力**という。

② 人が紙に情報を書くことでコンピューターに情報を与える。コンピューターはカメラを使って紙を見ることにより情報を得る。これを**画像認識**という。

③ 人が音声でコンピューターに情報を与える。コンピューターはマイクを使って音声を聞くことにより情報を得る。これを**音声認識**という。

　ここでは、①の方法について学びましょう。

キーワード 標準入力、キーボード入力、input命令、型変換、float命令

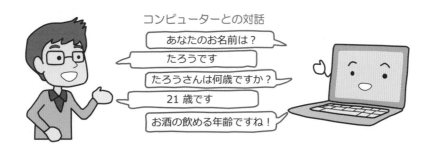

コンピューターに文字の情報を与える

まずChapter 4で学んだように、「a」という名前の箱に「太郎」という文字を入れて、それを画面に表示してみましょう。

```
a = '太郎'
print(a, 'さん、こんにちは！')
```

このプログラムを実行した結果は以下です。

太郎 さん、こんにちは！

あらかじめ箱の中に「太郎」という文字を入れることがわかっている場合には、上のようにプログラムを書くことができますが、箱の中に入れる文字が事前にわかっていない場合には、プログラムを書くことができません。

このようなときに、人が**キーボード**を用いて**対話型**でコンピューターに情報を与えることができます。これを**標準入力**といいます。

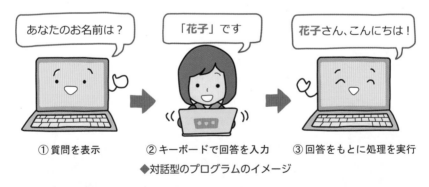

① 質問を表示　　　② キーボードで回答を入力　　　③ 回答をもとに処理を実行
◆対話型のプログラムのイメージ

ここで、人がキーボードを用いて対話型でコンピューターに情報を与えるには「input」という命令を使います。input命令を使って先ほどのプログラムを対話型のものにすると、次のようになります。

```
print('あなたのお名前は？ ')
a = input()
print(a, 'さん、こんにちは！')
```

このプログラムを実行した結果は以下です。

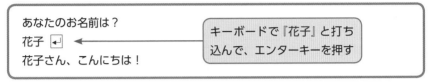

inputは「キーボードからの入力を待つ」という命令です。人がキーボードを使って文字を入力すると、その文字を箱aに入れます。

なお、input命令の()は忘れないように気を付けましょう。実は、()の中には文字を書くことができます。これを利用すると、上のプログラムはprint命令を使わずに、以下のように書くことができます。

```
a = input('あなたのお名前は？ ')
print(a, 'さん、こんにちは！')
```

コンピューターに数の情報を与える

今度は「身長から標準体重を計算する対話型のプログラム」をつくってみましょう。標準体重(kg)は『身長(m)×身長(m)×22』で求めることができるので、次のようなプログラムをつくり、実行してみました。

```
print('あなたの身長は何メートルですか？ ')
a = input()
print('標準体重は', a * a * 22, 'kgです')
```

あなたの身長は何メートルですか？
1.5
エラー

キーボードで半角で『1.5』と打ち込んで、エンターキーを押す

実行時にエラーが出てしまいました。実は、inputはキーボードで入力された情報を文字として読み取るので、箱aの中には文字が入ります。その結果、プログラムの3行目で文字×文字を計算しようとしてエラーが起きてしまったのです。つまり、「1.5」は数字であって数ではありません。

　これを解決するには、inputで読み取った1.5という文字（「1」「.」「5」の3つの文字の並び）を、「1.5」という1つの数に変換してあげる必要があります。この変換は「float」という命令を使うことでできます。

　float命令を使うと、先ほどのプログラムを次のように書くことができます。

```
print('あなたの身長は何メートルですか？ ')
moji = input()
kazu = float( moji )
print('標準体重は', kazu * kazu * 22, 'kgです')
```

実行すると、次のようになります。

```
あなたの身長は何メートルですか？
1.5 ⏎
標準体重は 49.5 kgです
```

なお、上のプログラムを少し省略して、次のように書くこともできます。

```
print('あなたの身長は何メートルですか？ ')
kazu = float( input() )
print('標準体重は', kazu * kazu * 22, 'kgです')
```

　以上の通り、inputで読み取った数字をfloat命令で数として変換することができます。しかし、気を付けなければならないこととして、キーボードから入力した文字は数字である必要があります。たとえば、「1.23」、「0.9」、「1.00」、「2」といった数字はかまいませんが、「abc」、「a123」、「1.23abc」のような数字以外の文字だとエラーが出てしまいます。

あなたの身長は何メートルですか？
1.23abc ↵
エラー

\ まとめ /

☐ 人がキーボードを用いて対話型でコンピューターに情報を与えることを標準入力という。

☐ キーボードから入力された情報を読み取るにはinput命令を使う。

☐ input命令では、入力された情報を文字として扱う。

☐ float命令で、数字を数に変換することができる。

input 命令は**文字を読み取る命令**です。

float 命令は**数字を数に変換する命令**です。半角の数字以外の文字を変換しようとすると**エラー**になるよ。

input		float
○	今日は晴れ	×
○	ABCD abcd	×
○	１２３４５	×
○	12345	○

1回目（　月　日）	2回目（　月　日）	3回目（　月　日）
／6	／6	／6

✍ Check

▶ 復習1

以下の文章が完成するように、空欄 ◻ に適切な語句を入れなさい。

(1) 人がキーボードを用いて対話型でコンピューターに情報を与えること
◻◻◻ を 標準入力 という。

(2) プログラムにキーボードで入力された情報を読み取らせるのには、
◻◻◻ input 命令を使う。

(3)
◻◻◻ float命令で数字を 数 に変換することができる。

▶ 復習2　◻◻◻

次のプログラムを実行して、以下のような入力をすると、画面上にどのように表示されるか、実行結果の空欄 ◻ を埋めて答えなさい。

▶ プログラム

```
print('あなたのお名前は？ ')
a = input()
print(a, 'さん、こんにちは！')
```

▶ 実行結果

あなたのお名前は？
花子 ↵ ◀—— キーボードで『花子』と打ち込んで、エンターキーを押した
花子 さん、こんにちは！

復習3　□□□

身長から標準体重を計算する対話型のプログラムとして、次のinput命令を使ったプログラムをつくった。このプログラムを実行して、以下のように情報を入力をしたところ、エラーとなった。**エラーの理由**を答えなさい。

▶プログラム

```
print('あなたの身長は何メートルですか？')
a = input()
print('標準体重は', a * a * 22, 'kgです')
```

▶実行結果

```
あなたの身長は何メートルですか？
1.5 ↵
エラー
```
キーボードで『1.5』と打ち込んで、エンターキーを押した

▶エラーの理由

inputはキーボードで入力された情報を文字として読み取る。その結果、プログラムの3行目で文字どうしを掛け算したためにエラーが起きてしまった。

復習4　□□□

以下のプログラムにおいて、inputで読み取った文字を数に変換するにはfloat命令をどのように用いればよいか、空欄　　　　を埋めて答えなさい。

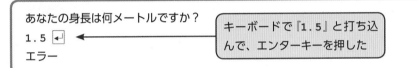

```
print('あなたの身長は何メートルですか？')
moji = input()
kazu = float(moji)
print('標準体重は', kazu * kazu * 22, 'kgです')
```

▶ **演習1（★★★☆☆）**　　　　　　　／15　／15　／15

　以下の問いについて、プログラムを実行し、<u>情報を入力したあとの画面の表示</u>がどうなるか答えなさい。プログラムや入力に誤りがある場合には、「エラー」と答えなさい。

	プログラム	画面の表示

(1) □□□	`print('情報を入力してください')`
	`a = input()`
	`print( a )`
		情報を入力してください
		はな ↵
		はな

(2) □□□	`print('情報を入力してください')`
	`a = input()`
	`print( a+2 )`
		情報を入力してください
		はな ↵
		エラー

(3) □□□	`print('情報を入力してください')`
	`a = input()`
	`print( a*3 )`
		情報を入力してください
		はな ↵
		はなはなはな

(4) □□□	`print('情報を入力してください')`
	`a = input()`
	`print( a+a )`
		情報を入力してください
		はな ↵
		はなはな

(5) □□□	`print('情報を入力してください')`
	`a = input()`
	`b = float( a )`
	`print( b*2 )`
		情報を入力してください
		はな ↵
		エラー

(6) □□□	`print('情報を入力してください')`
	`a = input()`
	`print( a )`
		情報を入力してください
		120 ↵
		120

(7) □□□	`print('情報を入力してください')`
	`a = input()`
	`print( a+2 )`
		情報を入力してください
		120 ↵
		エラー

(8) □□□	`print('情報を入力してください')`
	`a = input()`
	`print( a*2 )`
		情報を入力してください
		120 ↵
		120120

(9) □□□	```print('情報を入力してください')
a = input()
print(a+a)```	情報を入力してください **120** ↵ 120120
(10) □□□	```print('情報を入力してください')
a = input()
b = float(a)
print(b*2)```	情報を入力してください **120** ↵ 240.0
(11) □□□	```print('情報を入力してください')
a = input()
b = float(a)
print(b+2)```	情報を入力してください **120** ↵ 122.0
(12) □□□	```print('情報を入力してください')
a = input()
print(a)```	情報を入力してください **e123** ↵ e123
(13) □□□	```print('情報を入力してください')
a = input()
b = float(a)
print(b+2)```	情報を入力してください **e123** ↵ エラー
(14) □□□	```print('情報を入力してください')
a = input()
print(a)```	情報を入力してください **10+3** ↵ 10+3
(15) □□□	```print('情報を入力してください')
a = input()
b = float(a)
print(b)```	情報を入力してください **10+3** ↵ エラー

画面の表示例を参考に、以下の問題文どおりに実行される**プログラム**を答えなさい。なお、⏎の書かれている行はキーボードで入力された情報を表すものとする。

(1) 名前を入力してもらうと、入力された名前を表示する。

表示例	あなたの名前は？ たろう ⏎ あなたは たろう さんですね

プログラム	`print('あなたの名前は？ ')`
	`a = input()`
	`print('あなたは', a, 'さんですね')`

(2) 年齢を入力してもらうと、入力された年齢を表示する。

表示例	あなたの年齢は？ 18 ⏎ あなたは 18 歳なのですね

プログラム	`print('あなたの年齢は？ ')`
	`a = input()`
	`print('あなたは', a, '歳なのですね')`

(3) 1箱10個入りの商品がある。箱の数を入力してもらうと、商品の総数を表示する。

表示例	箱の数は？ 12 ⏎ 商品の総数は 120 個です

プログラム	`print('箱の数は？ ')`
	`a = input()`
	`b = float( a )`
	`print('商品の総数は', 10*b, '個です')`

Chapter 6

条件によって行うことを変える

お母さんから「もし紅茶があれば買ってきて。紅茶がなければ、何も買わなくていいわ。」とお使いを頼まれました。

次の日もお使いを頼まれ、今度は「もし紅茶があれば買ってきて。紅茶がなければ、なんでもいいから飲み物を買ってきてね。」と頼まれました。

このように「もし〜ならば、〜する」という形式で表現される「文」を「**条件文**」といいます。条件文では「**条件**」によって「**処理（行うべきこと）**」を変えます。このように条件によって処理を変えることを「**条件分岐**」といいます。たとえば、上の最初の条件文では、「紅茶が売られているかどうか」が条件にあたり、その条件に応じて「紅茶を買う」か「何も買わない」という2つの処理に分かれます。同様に、次の日の条件文は、「紅茶を買う」か「なんでもいいので飲み物を買う」の2つの処理に分かれます。

これを整理（一般化）すると、以下のようになります。

(1) もし条件に合うならば処理Aを行う。条件に合わなければ何もしない。

(2) もし条件に合うならば処理Aを行う。条件に合わなければ別の処理Bを行う。

ここでは、上記の(1)、(2)のような「条件分岐」について学びます。

> **キーワード** 条件文、条件、処理、条件分岐、if文、if〜else文、条件式、if、else、ブロック、インデント

もし条件に合うならば処理を行う：if文

条件分岐の考え方

　条件によって処理を変えることを**条件分岐**といいました。「もし紅茶があれば買ってきて。紅茶がなければ、何も買わなくていいわ。」という条件文は、以下の手順と図（**フローチャート**）で表すことができます。

手順（条件文）
① 紅茶の在庫がある（条件）
② 条件が成り立つならば、紅茶を買う（処理）
③ 条件が成り立たないときは、何もしない
④ 店を出る

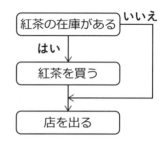

　Pythonでは、この条件文を以下の「if文」とよばれるプログラムで記述することができます。また、条件分岐を「if」や「else」などの**制御文**を用いて表すことができます。条件文の「もし〜ならば」が「if」に相当します。そして、「紅茶の在庫がある」という条件は「箱xの中身が0より大きい」という**条件式**（関係式）によって記述できます。条件式の最後にはコロン記号「:」を付けることを忘れないように注意してください。ちなみに、関係式についてはChapter 3で学びましたね。

```python
#プログラム:if文
x = 10      #紅茶の在庫数
if x > 0:   #x>0が条件式
    print('紅茶を買う')      #処理
print('店を出る')
```

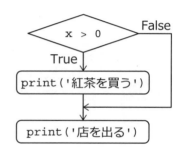

条件が成り立つ場合に実行させたい処理である「紅茶を買う（ことを表示するプログラム）」は、if制御文の次の行から「**インデント（文頭の位置）**」を1つ下げて書きます。このインデントを下げる操作は、半角の空白4つを入れることにあたりますが、キーボードの「**Tabキー**」を使うと便利です。

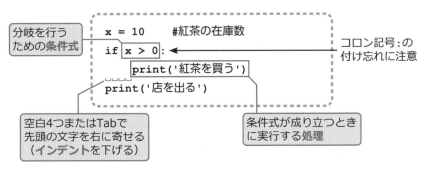

処理のかたまり：ブロック

条件が成り立つ場合に複数の処理を行いたいときは、同じようにインデントを1つ下げて続けて書きます。このように、インデントの高さがそろえられた複数行のプログラムが書かれている部分を「**ブロック**」といいます。

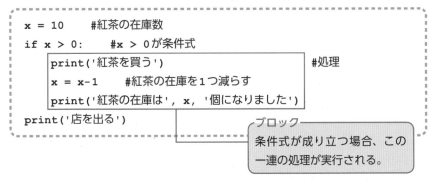

このように書くことで、紅茶の在庫が0よりも多い場合に「『紅茶を買う』を画面に表示する」、「紅茶の在庫を1つ減らす」、「紅茶の在庫を表示する」の3つの処理が行われます。このように、Pythonでは、インデントはブロックという重要な意味を持っていますので、気を付けましょう。

もし条件に合わなければ別の処理を行う：if～else文

「もし紅茶があれば買ってきて。紅茶がなければ、なんでもいいから飲み物を買ってきてね。」の場合を考えましょう。この条件文の手順と図（フローチャート）は以下のようになります。条件が成り立たなかった場合にも処理を行うことに注意してください。

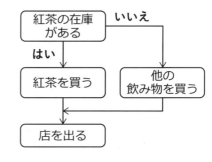

手順（条件文）
① 紅茶の在庫がある（条件）
② 条件が成り立つならば、紅茶を買う（処理1）
③ 条件が成り立たないときは、他の飲み物を買う（処理2）
④ 店を出る

この場合のプログラム（if～else文）は次のように記述されます。

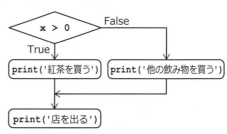

```
#プログラム:if～else文
x = 10    #紅茶の在庫数

if x > 0:    #x > 0が条件式
    #処理1のブロック
    print('紅茶を買う')
else:
    #処理2のブロック
    print('他の飲み物を買う')
print('店を出る')
```

このプログラムでは、まず条件式が成り立っているかを判断し、成り立っていれば if 制御文の後のブロック（処理1）が実行され、条件式が成り立っていない場合にはelse制御文の後のブロック（処理2）が実行されます。

このように、条件式が成り立たないときの処理をelse制御文を用いて記述します。条件文の「もし～ならば」が「if」に、「そうでなければ」が「else」に

相当します。elseの後にはコロン記号「:」を付けましょう。また、if制御文とelse制御文のインデント、および処理1のブロックと処理2のブロックのインデントには注意しましょう。

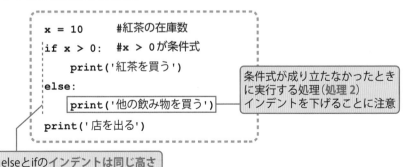

```
x = 10        #紅茶の在庫数
if x > 0:     #x > 0が条件式
    print('紅茶を買う')
else:
    print('他の飲み物を買う')
print('店を出る')
```

条件式が成り立たなかったときに実行する処理(処理2)インデントを下げることに注意

elseとifのインデントは同じ高さ

\ まとめ /

- □ 条件によって処理を変えることを**条件分岐**という。
- □ 条件分岐によって構成される文(「もし～ならば～する」という形式の文)を**条件文**という。
- □ Pythonでは、条件文を「if文」や「if ～ else文」という。
- □ Pythonでは、条件を**条件式**で記述する。条件式には、Chapter 3の関係式が用いられる。
- □ Pythonでは、条件分岐を「**if制御文**」と「**else制御文**」を用いて記述する。
- □ 「if」が条件文の「もし～ならば」に相当する。
- □ 「else」が条件文の「そうでなければ」に相当する。
- □ 一連の処理のまとまりを**ブロック**という。
- □ 制御文やブロックのインデントに注意する。

▶ **復習1**

条件分岐について文章が完成するように、以下の問いの空欄 ☐ に適切な制御文を入れなさい。

(1) ☐☐☐ 条件によって処理を変えることを 条件分岐 という。

(2) ☐☐☐ 条件分岐によって構成される文を 条件文 という。

(3) ☐☐☐ Pythonによって記述された条件を 条件式 という。

(4) ☐☐☐ 条件式には 関係式 が用いられる。

(5) ☐☐☐ 条件分岐はifと else を用いて記述できる。

(6) ☐☐☐ if が条件文の「もし〜ならば」に相当する。

(7) ☐☐☐ else が条件文の「そうでなければ」に相当する。

(8) ☐☐☐ 一連の処理のまとまりを ブロック という。

以下の問題文どおりに実行されるプログラムとなるように、空欄 ☐ を埋めなさい。なお、インデントを意識して答えること。

(1) 紅茶の在庫があれば紅茶を買い、在庫がなければ何もしない。そのあ
☐☐☐ と店を出る。

```python
x = 10      #紅茶の在庫数
if x > 0:
    print('紅茶を買う')
print('店を出る')
```

(2) 紅茶の在庫があれば紅茶を買い、紅茶の在庫を1つ減らし、在庫がな
☐☐☐ ければ何もしない。そのあと店を出る。

```python
x = 10      #紅茶の在庫数
if x > 0:
    print('紅茶を買う')
    x = x - 1
    print('紅茶の在庫は', x, '個になりました')
print('店を出る')
```

(3) 紅茶の在庫があれば紅茶を買い、在庫がなければ他の飲み物を買う。
☐☐☐ そのあと店を出る。

```python
x = 10      #紅茶の在庫数
if x > 0:
    print('紅茶を買う')
else:
    print('他の飲み物を買う')
print('店を出る')
```

▶ **演習1（★★☆☆）**　　　　　　　／10　　／10　　／10

以下の問いについて、プログラムを実行したときに**画面の表示**がどうなるか答えなさい。なお、何も表示されない場合は「表示されない」と答えること。

	プログラム	画面の表示

(1)
□□□
	```score = 64```
	 ```if score>50:```
	 ``` print('合格です')```
		合格です

(2)
□□□
	```score = 45```
	 ```if score>50:```
	 ``` print('合格です')```
		表示されない

(3)
□□□
	```score = 64```
	 ```if score>50:```
	 ``` print('合格です')```
	 ```else:```
	 ``` print('不合格です')```
		合格です

(4)
□□□
	```score = 32```
	 ```if score>50:```
	 ``` print('合格です')```
	 ```else:```
	 ``` print('不合格です')```
		不合格です

(5)
□□□
	```a = 5```
	 ```if a>2:```
	 ``` a = a-1```
	 ```else:```
	 ``` a = a+1```
	 ```print('aの値は', a, 'です')```
		aの値は 4 です

(6)
□□□
	```a = 1```
	 ```if a>2:```
	 ``` a = a-1```
	 ```else:```
	 ``` a = a+1```
	 ```print('aの値は', a, 'です')```
		aの値は 2 です

	コード	出力

(7) □□□	```python
	a = 5
	if a>2:
	    a = a-1
	else:
	    a = a+1
	a = a/2
	print('aの値は', a, 'です')
	``
		aの値は 2.0 です

(8) □□□	```python
	a = 96
	b = 60
	if a>b:
	    print('aはbより大きい')
	else:
	    print('aはb以下')
	``
		aはbより大きい

(9) □□□	```python
	a = 60
	b = 60
	if a<b:
	    print('aはb未満')
	else:
	    print('aはb以上')
	``
		aはb以上

(10) □□□	```python
	score = 64
	if score>50:
	    print(score, '点は合格です')
	    print('おめでとう！')
	else:
	    print(score, '点は不合格です')
	    print('残念でしたね')
	print('テストの結果は以上です')
	``
		64 点は合格です
		おめでとう！
		テストの結果は以上です

演習2（★★★☆）   /4   /4   /4

以下の問題文どおりに実行されるプログラムとなるように、空欄 [   ] を
埋めなさい。なお、インデントを意識して答えること。

(1) 年齢を入力してもらい、今年20歳になる人に「成人式ですね」と表示
□□□ する。

```
print('今年度で何歳になりますか？ ')
a = float( input() )
if a == 20:
    print('成人式ですね')
```

(2) 年齢を入力してもらい、20歳以上か否かで、お酒が飲めるか否かを
□□□ 画面上に表示する。

```
print('あなたの年齢は？ ')
a = float( input() )
if a >= 20:
    print('お酒の飲める歳ですね')
else:
    print('お酒は飲めませんね')
```

(3) 年齢を入力してもらい、13歳以上か否かで、大人料金か子供料金か
□□□ を画面上に表示する。

```
print('あなたの年齢は？ ')
a = float( input() )
if a >= 13:
    print('大人料金です')
else:
    print('子供料金です')
```

(4)
□□□ 点数を入力してもらい、点数が100点を超えた場合は100点に戻す。

```
print('点数は何点ですか？ ')
score = float( input() )
if score > 100:
    print('100点を超えた場合は100点に戻します')
    score = 100
print('あなたの点数は', score, '点です')
```

演習3（★★★★★）　□□□

以下のプログラムを実行したときに画面の表示がどうなるか答えなさい。

プログラム	画面の表示
| ```python
a = 5
b = 12
c = 8

x = a
if x < b:
    x = b
if x < c:
    x = c

print( x )
``` | 12 |

「if」が
条件文の「もし～ならば」
に相当しましたよね！
```

Chapter 7

複雑な条件をつくる

　日の出小学校の5年3組には10名の生徒（出席番号001〜010）がいます。今日は算数と理科のテストが返され、結果は次の通りでした。

出席番号	算数	理科
001	78点	73点
002	38点	79点
003	96点	64点
004	64点	72点
005	45点	84点

出席番号	算数	理科
006	88点	90点
007	64点	78点
008	43点	71点
009	94点	66点
010	60点	83点

平均点	
算数	理科
67点	76点

　Chapter 3ではコンピュータに数を比較させることで、算数の点数が平均点以上の人を知ることができました。それでは、算数と理科の両方とも平均点以上の人を知るにはどうすればよいでしょうか。そのためには「算数が平均点以上」と「理科が平均点以上」という2つの条件を両方とも満たしている人を見つける必要があります。別のいい方をすれば、「算数が平均点以上、**かつ**、理科が平均点以上」という条件を満たす人を探す必要があります。

　ここでは、そのような「2つの条件を組み合わせた、より複雑な条件のつくり方」について学びます。

キーワード 　かつ、または、否定（〜ではない）、and、or、not

算数が 67 点以上、**かつ**、理科が 76 点以上！

Chapter 7 学習

2つ以上の条件を組み合わせる：「かつ」と「または」

10人の生徒をグループ分けします。まず、見分けやすくするために、10人の生徒に平均点以上のテストを持ってもらいました。

次に、「算数が平均点以上の人」と「理科が平均点以上の人」でグループ分けをします。すると、下の図のようになります。このとき、算数と理科の両方とも平均点以上の人は、両方のグループに入ります。

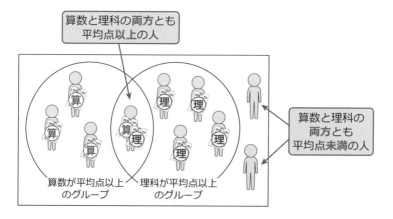

ここで、算数と理科の両方とも平均点以上の人は、「**かつ**」という言葉を使って、「算数の点数が平均点以上、かつ、理科の点数が平均点以上の人」と表現することができます。

算数と理科の少なくともどちらか一方が平均点以上である人は、「**または**」という言葉を使って、「算数の点数が平均点以上、または、理科の点数が平均点以上の人」と表現することができます。ここで、「少なくとも」の意味に注意してください。これは、「どちらか一方だけ」ではなく、「どちらとも（両方）」

という意味を含んでいます。

　これらのことを図で表すと、以下のようになります。両方の条件を満たす人は1人、少なくともどちらか一方の条件を満たす人は8人になります。

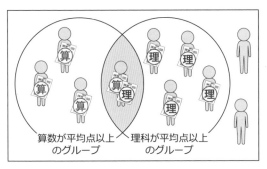

◆「**かつ**」の関係を表す図

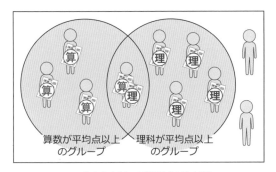

◆「**または**」の関係を表す図

2つ以上の条件を組み合わせる：論理演算子

　Pythonでは、「かつ」や「または」を**論理演算子**を用いて記述します。以下で詳しく見ていきましょう。

かつ：2つの条件が両方とも成り立つことを判別する（and）

　「算数の点数が平均点以上、かつ、理科の点数が平均点以上の人」を判別するプログラムは、次のように書くことができます。

```
x = 88      #算数の点数
y = 95      #理科の点数
print( x>=67 and y>=76 )
```

```
True
```

　Pythonでは、「かつ」に相当する論理演算子が「and」です。算数の点数をx、
理科の点数をyとしたとき、「算数の点数が67点以上、かつ、理科の点数が76
点以上」という条件は「**x>=67 and y>=76**」という条件式で書くことができ
ます。この条件式はChapter 3の関係式と論理演算子から構成されています。
2つの条件がどちらとも成り立っていればTrue、成り立っていなければFalse
が答えとなります。

　たとえば、次のようなif文を書くことができます。

```
x = 88      #算数の点数
y = 95      #理科の点数
if x>=67 and y>=76:
    print("両科目とも平均点以上")
```

```
両科目とも平均点以上
```

または：少なくともどちらか一方の条件が成り立つことを判別する (or)

　「算数の点数が平均点以上、または、理科の点数が平均点以上の人」を判別
するプログラムは、次のように書くことができます。

```
x = 72      #算数の点数
y = 50      #理科の点数
print( x>=67 or y>=76 )
```

```
True
```

Pythonでは、「または」に相当する論理演算子が「or」です。算数の点数をx、理科の点数をyとしたとき、「算数の点数が67点以上、または、理科の点数が76点以上」という条件は「**x>=67 or y>=76**」という条件式で書くことができます。この条件式はChapter 3の関係式と論理演算子から構成されています。2つの条件のうち少なくともどちらか1つでも成り立っていればTrue、成り立っていなければFalseが答えとなります。

たとえば、次のようなif文を書くことができます。

```
x = 72       #算数の点数
y = 50       #理科の点数
if x>=67 or y>=76:
    print("少なくとも1科目は平均点以上")
```

少なくとも1科目は平均点以上

否定：条件が成り立たないことを判別する（not）

andとorの他にも、「not」という論理演算子があります。下の図の赤い部分の人たちは「算数が平均点以上ではない人」たちになりますが、この「～ではない」という否定に相当するのがnotです。

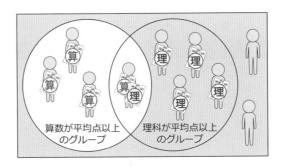

算数が平均点以上のグループ　理科が平均点以上のグループ

ここでは、notを用いて算数の点数が平均点未満の人を見つけるプログラムをつくってみましょう。

算数の点数をxとしたとき、「算数の点数が平均未満」という条件は「**x<67**」

という条件式で書くことができます。この条件は、「算数の点数が67点以上
ではない」という否定の条件と同じ意味になります。そのため、「算数の点数
が平均点未満」を「**not x>=67**」という条件式でも書くことができるのです。
次のようなプログラムを実行したとき、「算数の点数が45点であり、67点以
上ではない」ので、Trueが表示されます。

```
x = 45      #算数の点数
print( not x>=67 )
```

```
True
```

また、if文の条件式として、次のように書くこともできます。

```
x = 45      #算数の点数
if not x>=67:
    print("算数は平均点以上ではない")
```

```
算数は平均点以上ではない
```

最後に、ここで説明した3つの論理演算子について、表にまとめます。

◆論理演算子

記号	使い方	意味
and	**x>=67 and y>=76**	xが67以上 かつ yが76以上
or	**x>=67 or y>=76**	xが67以上 または yが76以上
not	**not x>=67**	xは67以上ではない

まとめ

- ☐ 2つの条件をどちらも満たすことを「かつ」という言葉を使い、「条件A かつ 条件B」と表現する。
- ☐ Pythonでは、「かつ」に相当する論理演算子がandである。たとえば、「 `x>=67 and y>=76` 」のように用いる。
- ☐ 2つの条件のうち少なくともどちらか1つでも満たしていることを「または」という言葉を使い、「条件A または 条件B」と表現する。
- ☐ Pythonでは、「または」に相当する論理演算子がorである。たとえば、「 `x>=67 or y>=76` 」のように用いる。
- ☐ ある条件を満たさないことを「〜ではない」という否定の言葉を使い、「条件Aではない」と表現する。
- ☐ Pythonでは、「〜ではない」という否定に相当する論理演算子がnotである。たとえば、「 `not x>=67` 」のように用いる。
- ☐ 複雑な条件 (条件式) は、関係式と論理演算子を組み合わせてつくることができる。

「もし算数と理科が両方とも平均点以上ならば、クラスで表彰します」という条件文は、次のようになっています。

条件分岐 (if) に相当

もし算数と理科が両方とも平均点以上ならば、

クラスで表彰します　　条件 (条件式)に相当

処理に相当

Chapter **7** 復習

✍ Check

1回目（　月　　日）	2回目（　月　　日）	3回目（　月　　日）
／6	／6	／6

▶ **復習1**

　図①〜③について、網かけ部分の説明として適切な言葉を［　・　］の中から選びなさい。

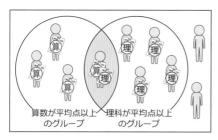

◆ 図①

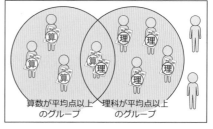

◆ 図②

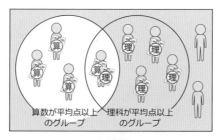

◆ 図③

(1) 　図①の網かけ部分は、「算数の点数が平均点以上、[かつ ・ または] 理科 □□□ の点数が平均点以上の人」を表している。

(2) 　図②の網かけ部分は、「算数の点数が平均点以上、[かつ ・ または] 理 □□□ 科の点数が平均点以上の人」を表している。

(3) 　図③の網かけ部分は「算数の点数が平均点以上 [である ・ ではない] 人」 □□□ を表している。

▶ **復習2**

　以下の問題文に従って、プログラムの空欄 ☐ を埋めなさい。なお、算数の平均点は67点、理科の平均点は76点とします。

(1) 「算数と理科の両方とも平均点以上である」という条件式を完成させ
☐☐☐ なさい。

```
x = 88      #算数の点数
y = 95      #理科の点数
if x>=67      and      y>=76:
    print("両科目とも平均点以上")
```

(2) 「算数と理科のどちらか1つでも平均点以上である」という条件式を完
☐☐☐ 成させなさい。

```
x = 72      #算数の点数
y = 50      #理科の点数
if x>=67      or      y>=76:
    print("少なくとも1科目は平均点以上")
```

(3) 「算数の点数が平均点以上ではない」という条件式を完成させなさい。
☐☐☐

```
x = 45      #算数の点数
if      not      x>=67:
    print("算数は平均点以上ではない")
```

▶ **演習1 (★☆☆☆☆)**　　　　　　　　　　　　／15　　／15　　／15

　以下の問いについて、プログラムを実行したときに**画面の表示**がどうなるか
答えなさい。プログラムに誤りがある場合には、「エラー」と答えなさい。

	プログラム	画面の表示
(1) ☐☐☐	`print( 7<=14 or 6<=8 )`	True
(2) ☐☐☐	`print( 3.14>3 or 1.41>2 )`	True
(3) ☐☐☐	`print( 2==7 or 3<=5 )`	True
(4) ☐☐☐	`print( 1==2 or 2==3 )`	False
(5) ☐☐☐	`print( 3!=5 or 6<=6 )`	True
(6) ☐☐☐	`print( 1/3>0.3 or 1/4>0.4 )`	True
(7) ☐☐☐	`print( 7<=14 and 6<=8 )`	True
(8) ☐☐☐	`print( 3.14>3 and 1.41>2 )`	False
(9) ☐☐☐	`print( 2==7 and 3<=5 )`	False
(10) ☐☐☐	`print( 1==2 and 2==3 )`	False
(11) ☐☐☐	`print( 3!=5 and 6<=6 )`	True
(12) ☐☐☐	`print( 1/3>0.3 and 1/4>0.4 )`	False

(13) □□□	`print( not 7<=14 )`	False
(14) □□□	`print( not 2==7 )`	True
(15) □□□	`print( not 3!=5 )`	False

▶ 演習2 (★★☆☆)

以下の問いの意味を表す**条件式**を答えなさい。

	意味	条件式
(1) □□□	10は7以上 かつ 10は12以下	`10>=7 and 10<=12`
(2) □□□	14は7未満 または 14は12よりも大きい	`14<7 or 14>12`
(3) □□□	xは1.14以上 かつ xは2.23未満	`x>=1.14 and x<2.23`
(4) □□□	xは1.14未満 または xは2.23よりも大きい	`x<1.14 or x>2.23`
(5) □□□	14は7未満ではない	`not 14<7`
(6) □□□	xは1.14未満ではない	`not x<1.14`
(7) □□□	xは100以上ではない	`not x>=100`
(8) □□□	xは200未満 かつ yは10以上	`x<200 and y>=10`
(9) □□□	xは200未満 または yは10以上	`x<200 or y>=10`
(10) □□□	xは100以上 かつ yはxより大きい	`x>=100 and y>x`
(11) □□□	xはyと等しい または xはyより大きい	`x==y or x>y`
(12) □□□	xは10と等しくない かつ xは100未満	`x!=10 and x<100`

7

複雑な条件をつくる

▶ 演習3 (★★★☆☆)

以下の問いについて、プログラムを実行したときに**画面の表示**がどうなるか答えなさい。プログラムに誤りがある場合には、「エラー」と答えなさい。

	プログラム	画面の表示
(1) □□□	`print( ( 2+3 <= 5 ) and ( 3*5 < 4*6 ) )`	True
(2) □□□	`print( ( 3*2+1 > 13/2 ) and ( 1/3 == 0.3 ) )`	False
(3) □□□	`print( ( 0.25 > 1/4 ) and ( 3*1/3 == 1 ) )`	False
(4) □□□	`print( ( 2/3 < 0.6 ) and ( 2*2*2 == 6 ) )`	False
(5) □□□	`print( ( 2/4 <= 0.5 ) and ( 1/3 > 0.3 ) )`	True
(6) □□□	`print( ( 7/2 != 3.5 ) and ( 2+3*4 == 24 ) )`	False
(7) □□□	`print( ( 2+3 <= 5 ) or ( 3*5 < 4*6 ) )`	True
(8) □□□	`print( ( 3*2+1 > 13/2 ) or ( 1/3 == 0.3 ) )`	True
(9) □□□	`print( ( 0.25 > 1/4 ) or ( 3*1/3 == 1 ) )`	True
(10) □□□	`print( ( 2/3 < 0.6 ) or ( 2*2*2 == 6 ) )`	False
(11) □□□	`print( ( 2/4 <= 0.5 ) or ( 1/3 > 0.3 ) )`	True
(12) □□□	`print( ( 7/2 != 3.5 ) or ( 2+3*4 == 24 ) )`	False
(13) □□□	`print( not ( 3*8/2 < 6*2) )`	True
(14) □□□	`print( not ( 5*2+2 == 21-9/3 ) )`	True
(15) □□□	`print( not ( 2+5*8 != 42 ) )`	True

以下の問いについて、プログラムを実行したときに**画面の表示**がどうなるか
答えなさい。プログラムに誤りがある場合には、「エラー」と答えなさい。

	プログラム	画面の表示
(1) ☐☐☐	`x = 100` `print( not x>=100 )`	False
(2) ☐☐☐	`x = 100` `print( not x!=100 )`	True

(3) ☐☐☐	`x = 100`
	`y = 128`
	`print( x>=100 and y!=x )`
		True

(4) ☐☐☐	`x = 100`
	`y = x + 32`
	`print( x>=100 and y>=100 )`
		True

(5) ☐☐☐	`x = 100`
	`y = x + 32`
	`print( x>=100 or y>=100 )`
		True

(6) ☐☐☐	`x = 100`
	`y = x/2`
	`print( x>=100 and y<x )`
		True

(7) ☐☐☐	`x = 100`
	`y = 128`
	`z = 64`
	`print( x!=z and y<z )`
		False

(8) ☐☐☐	`x = 100`
	`y = 128`
	`z = 64`
	`print( x!=z or y<z )`
		True

7

複雑な条件をつくる

Chapter 8

処理を繰り返す

数の1, 2, 3を画面上に表示するにはどうすればよいでしょうか。次のようになりますね。

```
print( 1 )
print( 2 )
print( 3 )
```

```
1
2
3
```

それでは、数の1から1万までを画面上に表示するにはどうすればよいでしょうか。print命令をミスなく1万行も書くのはさすがに大変ですし、書き上がったプログラムは非常に見づらくなってしまいます。

しかし、Pythonでは、「処理を指定した回数繰り返すプログラム」を簡単につくることができます。ここでは、処理を指定した回数繰り返し実行させる「繰り返し処理」について学びます。

キーワード 繰り返し処理、for文

3×1 から 3×100000 までの
計算結果をすべて書き出してください。

そんな面倒くさいこと
勘弁して！

疲れ知らずだし、
作業の繰り返しは**大得意**！
3、6、9、12、15、18、……

同じ処理を繰り返す：for文

同じ処理を1万回繰り返すプログラムの手順とフローチャートは、以下のようになります。

〈手順〉
① 箱**i**に「**1**」を保存する
　（この数を初期値という）
② 条件式「**1<10001**」は**True**となるので、処理を行う
③ 箱**i**の中身を**1**つ増やして**2**にする（繰り返し回数を**2**にする）
④ 条件式「**2<10001**」は**True**となるので、処理を行う
⑤ この繰り返しを箱**i**の中身が**10001**になるまで行う
⑥ 箱**i**の中身が**10001**になったとき、条件式「**10001<10001**」は**False**となるため、繰り返し処理が終了する

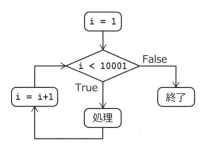

このように、箱iの中身が1から10001まで繰り返し処理が行われることから、実際には1万回の繰り返し処理が行われることになります。この実際の繰り返し回数（1万回）を「繰り返し回数の最大値」とよびます。これをPythonで書くと、以下のようになります。

　　　箱　　　　初期値　　繰り返し回数の最大値+1

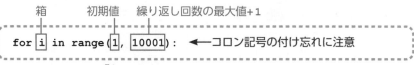

```
for i in range(1, 10001):
```
←コロン記号の付け忘れに注意

最初に書かれた「for」が繰り返しを行うための制御文で、その後ろの箱i
に繰り返し回数を保存します。この箱（変数）の名前は自分で好きに決めて

かまいません。続く「**in range(1, 10001)**」の1は箱iの初期値であり、10001は繰り返し回数の最大値に1を足したものです。このように、for文は「**i<10001**」という条件式が成り立つ間、条件分岐を繰り返しています。なお、制御文の最後にはコロン記号「**:**」を付けましょう。

そして、繰り返し実行させたい処理である「**print('おはよう')**」は、以下に示すように、ifのときと同じく、forの次の行からTabキーまたは空白4つを使って「インデント（文頭の位置）」を1つ下げて記入します。

複数の処理を繰り返して行いたい場合は、インデントを1つ下げたまま続けて記入します。

```
for i in range(1, 101):
    print('おはよう')
    print('こんにちは')
print('繰り返し処理が終わりました')
```

for文に属しているブロック。
この一連の処理が繰り返される。

← 繰り返し処理を終えたら、インデントを元の高さに戻す。

```
おはよう
こんにちは
おはよう
こんにちは
    ：（中略）
おはよう
こんにちは
繰り返し処理が終わりました
```

> **Tips：処理を止めたいとき**

間違ってとても多くの繰り返し回数にしてしまい、プログラムを実行したときに、いつ処理が終わるかわからなくなってしまうことがあります。そのときは、プログラムが動いているウィンドウ上で「[ctrl]キーを押しながら[c]キーを押す」ことで、プログラムを強制的に止めることができます。

繰り返し回数を活用する

繰り返し回数を表示する

　箱 i には繰り返し回数が保存されていることをすでに述べました。この箱 i を使って、毎回の繰り返し回数を表示することができます。

```
for i in range(1, 101):
    print('繰り返し回数:', i)
```

このプログラムを実行すると、以下のように画面に表示されます。

```
繰り返し回数: 1
繰り返し回数: 2
繰り返し回数: 3
    ：（中略）
繰り返し回数: 100
```

　最初の値は1からスタートし、繰り返し処理が1回行われると箱 i の中身が1増えます。そして、箱 i の中身が101未満の間は繰り返し処理を行います。

繰り返し回数を用いて掛け算を行う

　また、箱 i の中身は計算にも使うことができます。2の段の掛け算を100個表示したいときには、次のようなプログラムになります。

```
for i in range(1, 101):
    print('2かける', i, 'は', 2*i)
```

このプログラムを実行すると、次のように表示されます。

```
2かける 1 は 2
2かける 2 は 4
2かける 3 は 6
    ：（中略）
2かける 100 は 200
```

繰り返し回数を用いて1から100までの足し算を行う

「1から100までのすべての整数を足した値を求めなさい」という問題も、次のような繰り返し処理を使ったプログラムで計算することができます。

```
goukei = 0
for i in range(1, 101):
    goukei = goukei + i
    print('1から', i, 'までの合計:', goukei)
print('計算結果は', goukei, 'です')
```

このプログラムを実行すると、以下のように画面に表示されます。

```
1から 1 までの合計: 1
1から 2 までの合計: 3
1から 3 までの合計: 6
    ：（中略）
1から 100 までの合計: 5050
計算結果は 5050 です
```

チャレンジ 1から100までの奇数を表示する

「繰り返し回数を表示する」の項目において、1から100までの数を表示する方法を学びました。ここでは、1から100までの奇数を表示する方法について学びましょう。プログラムは次のようになります。

```
for i in range( 1, 101, 2 )
    print( i )            └─ステップ
```

このプログラムを実行すると、以下のように表示されます。

```
1
3
5
 ⋮ （中略）
99
```

繰り返し処理が1回行われると、箱 i の中身が**ステップ**で書かれた数だけ増えます。上の例では2ずつ増えています。1から始まって、2ずつ増えるので、奇数を表示できるわけです。なお、ステップを省略した場合には1ずつ増えるので、**range(1, 101, 1)**は**range(1, 101)**と同じ意味になります。

＼ **まとめ** ／

- □ 繰り返し処理には、for文を使う。
- □ for文には、for制御文や繰り返し回数を数えるための箱（変数）などがある。
- □ for文では、in rangeの()の中で**初期値と繰り返し回数の最大値+1**を指定する。
- □ 箱の中身を用いてさまざまな繰り返し計算を行うことができる。

繰り返し回数の最大値に
1 を加えるのを忘れない
ように **!**

100 回繰り返したいなら

range (1, 100)   **range (1, 101)**

▶ **復習1**

以下の問題文どおりに実行されるプログラムとなるように、空欄 ☐ を埋めなさい。ただし、インデントに気を付けること。

(1)
☐☐☐　「こんにちは」の表示を1万回繰り返す。

```
for i in range( 1, 10001 ):
    print('こんにちは')
```

(2)
☐☐☐　「おはよう」と「こんにちは」の2行の表示を100回繰り返す。

```
for i in range( 1, 101 ):
    print('おはよう')
    print('こんにちは')
```

(3)
☐☐☐　100回の繰り返し処理の中で、毎回繰り返し回数を表示する。

```
for i in range( 1, 101 ):
    print('繰り返し回数:', i)
```

(4)
☐☐☐　2×1から2×100までの掛け算をすべて表示する。

```
for i in range( 1, 101 ):
    print('2かける', i, 'は', 2*i)
```

復習2 　□□□

次の問題文どおりに実行されるプログラムとなるように、空欄 □ を埋めなさい。ただし、画面の表示のように途中の合計値も表示されるようにすること。

▶**問題** 　1から100までのすべての整数を足す。

▶**画面の表示**

```
1から 1 までの合計: 1
1から 2 までの合計: 3
1から 3 までの合計: 6
  ：
1から 100 までの合計: 5050
計算結果は 5050 です
```

▶**プログラム**

```python
goukei = 0
for i in range( 1, 101 ):
    goukei = goukei + i
    print('1から', i, 'までの合計:', goukei )
print('計算結果は', goukei, 'です')
```

▶ **演習1（★★☆☆）**　　　/10　　/10　　/10

　以下の問いについて、プログラムを実行したときに**画面の表示**がどうなるか答えなさい。

	プログラム	画面の表示
(1) □□□	`for a in range(1,3):` `    print('おはよう')`	おはよう おはよう

(2) □□□	`for a in range(1,3):`
	`    print('おはよう')`
	`    print('おやすみ')`
		おはよう
		おやすみ
		おはよう
		おやすみ

(3) □□□	`for a in range(1,3):`
	`    print('おはよう')`
	`print('おやすみ')`
		おはよう
		おはよう
		おやすみ

(4) □□□	`for a in range(1,3):` `    print(1)`	1 1
(5) □□□	`for a in range(1,3):` `    print(a)`	1 2
(6) □□□	`for a in range(1,3):` `    print(a+1)`	2 3
(7) □□□	`for a in range(1,3):` `    print(a+2)`	3 4
(8) □□□	`for a in range(1,3):` `    print(a*2)`	2 4
(9) □□□	`for a in range(1,3):` `    print(a*a)`	1 4

(10) □□□	`sum = 0`
	`for a in range(1,4):`
	`    sum = sum + a`
	`    print( sum )`
		1
		3
		6

以下の問いについて、画面の表示を参考に、プログラムの空欄 ▢ を埋めなさい。

	プログラム	画面の表示
(1) ▢▢▢	```for i in range(1, [4]):``` ``` print(i)```	1 2 3
(2) ▢▢▢	```for i in range(1, [5]):``` ``` print(i)```	1 2 3 4
(3) ▢▢▢	```for [x] in range(1, 5):``` ``` print(x)```	1 2 3 4
(4) ▢▢▢	```for a in range(1, 5):``` ``` print([a])```	1 2 3 4
(5) ▢▢▢	```for a in range(1, 5):``` ``` print([a + 1])```	2 3 4 5
(6) ▢▢▢	```for a in range(1, 5):``` ``` print([a * 2])```	2 4 6 8
(7) ▢▢▢	```for a in range(1, 5):``` ``` print([a * 3])```	3 6 9 12
(8) ▢▢▢	```for a in range(1, 5):``` ``` print([5 - a])```	4 3 2 1
(9) ▢▢▢	```for a in range(1, 5):``` ``` print([4 - a])```	3 2 1 0

8

処理を繰り返す

```
for a in range(1, 5):
    print( 10 - a * 2 )
```

```
8
6
4
2
```

▶ 演習3（★★★★★）

以下の問いについて、画面の表示を参考に、プログラムの空欄 ☐ を埋めなさい。

	プログラム	画面の表示
(1) ☐☐☐	`for i in range(1, 5):` 　　`print(` `i * i` `)`	1 4 9 16
(2) ☐☐☐	`for i in range(1, 5):` 　　`print(` `i * 2 - 1` `)`	1 3 5 7

(3)
☐☐☐
	`a = 1`
	`for i in range(1, 5):`
	　　`a = ` `a * 3`
	　　`print( a )`
		3
		9
		27
		81

(4)
☐☐☐
	`a = 0`
	`for i in range(1, 5):`
	　　`a = ` `a + i`
	　　`print( a )`
		1
		3
		6
		10

(5)
☐☐☐
	`a = 1`
	`for i in range(1, 5):`
	　　`a = ` `a * i`
	　　`print( a )`
		1
		2
		6
		24

画面の表示を参考に、以下の問題文どおりに実行されるプログラムを答えなさい。

(1) 1から10までのすべての整数を掛けた値を求めなさい。

□□□

画面の表示	1から 1 までをかけた値は： 1 1から 2 までをかけた値は： 2 1から 3 までをかけた値は： 6 　　：（中略） 1から 10 までをかけた値は： 3628800
| プログラム | ```python
soujou = 1

for i in range( 1, 11 ):
    soujou = soujou * i
    print('1から', i, 'までをかけた値は:', soujou)
``` |

(2) 新聞紙の厚さを0.1ミリメートルとして、26回折り曲げたときの厚さを計算しなさい。ちなみに、新聞紙を26回折り曲げると、その厚さは約6710メートルで、富士山より高くなります。

□□□

画面の表示	0 回折ったときの厚さは 0.1 mmです 1 回折ったときの厚さは 0.2 mmです 　　：（中略） 26 回折ったときの厚さは 6710886 mmです
| プログラム | ```python
atsusa = 0.1     #折り曲げていない新聞紙の厚さ
print('0 回折ったときの厚さは', atsusa, 'mmです')

for i in range( 1, 27 ):
    #1回折るたびに厚さは2倍になる
    atsusa = atsusa * 2
    print( i, '回折ったときの厚さは', atsusa, 'mmです')
``` |

8

処理を繰り返す

Chapter 9

係をつくる

　日の出小学校の5年3組には10名の生徒がいます。算数の授業において4人の生徒にはそれぞれの役割（係）が決められています。Aくんは授業のはじめに号令をかける係で、Bくんは数を2倍する係、Cくんは割り算をする係、Dくんは黒板に書く係となっています。係の人は先生から名前を呼ばれると、それぞれの係の仕事をします。

　この係のように、「役割が決められていて呼ばれたら仕事をするもの」のことを、プログラミングでは「関数」といいます。ここでは、「関数を用いたプログラムのつくり方」について学びます。

キーワード 係、関数、引数、戻り値

号令をかける係

「号令をかける係」であるAくんの係の仕事は、「起立、礼、着席」の号令を
かけることです。このプログラムは次のように書くことができます。

```
#Aくんの係の仕事
def A():
    print('起立、礼、着席')      #仕事内容

#先生の仕事
print('これからAくんに係の仕事を頼みます')
A()
```

このプログラムの実行結果は以下です。

```
これからAくんに係の仕事を頼みます
起立、礼、着席
```

　係をつくるにはその係の仕事内容を書く必要があります。上のプログラムの
2、3行目がAくんの係の仕事になります。

　2行目の「**def**」という命令は英語のdefine (定義する・決める)を略したも
ので、「係の仕事内容をこのように決めます」という意味です。その次に書か
れている「**A**」は係の人の名前であり、「Aくん」を意味します。「**A**」の後ろの「**()**」
の中には何も書かれていませんが、後ほど説明しますので今は気にしないでく
ださい。最後のコロン「**:**」を忘れないように気をつけましょう。

　その次の行からは、ifやforのときと同じように、インデントを下げて、係の
仕事内容にあたるプログラムを書きます。

　これでAくんの係の仕事に対応するプログラムは完成となります。

次に、先生の仕事を書く必要があります。先生の仕事は、Aくんに係の仕事を頼むことであり、プログラムでは「**A()**」と書きます。

　Pythonでは、この「係」に相当するものを「**関数**」といいます。

数を2倍する係

　「数を2倍する係」であるBくんの係の仕事は、先生から渡された数を2倍することです。このプログラムは次のように書くことができます。

```
#Bくんの係の仕事
def B( x ):
    print( x, 'を2倍すると', x * 2 )      #仕事内容

#先生の仕事
print('これからBくんに係の仕事を頼みます')
B( 10 )
```

このプログラムの実行結果は以下です。

```
これからBくんに係の仕事を頼みます
10 を2倍すると 20
```

　「**B**」は係の人の名前であり、「Bくん」を意味します。次の**()**の中の**x**はBくんが用意した箱xであり、先生から渡された数を保存します。そして、仕事内容は箱xの中身を2倍することです。これでBくんの係に対応するプログラムは完成となります。

　先生の仕事は、Bくんに仕事を頼むことであり、「**B(10)**」とプログラムを書くことによって実現できます。なお、「**10**」は先生からBくんに渡される数であり、これが箱xに保存されます。この渡される数のことを「**引数（ひきすう）**」といいます。なお、引数がない場合には、単に「**B()**」と書きます。前述したAくんの係の仕事のプログラムは、引数がない場合に相当します。

2つの数の割り算をする係

「2つの数の割り算をする係」であるCくんの係の仕事は、先生から渡された2つの数で割り算をすることです。このプログラムは次のように書くことができます。

```
#Cくんの係の仕事
def C( x, y ):
    z = x / y      #仕事内容
    print( x, '割る', y, 'は', z )      #仕事内容

#先生の仕事
print('これからCくんに係の仕事を頼みます')
C( 10, 2 )
```

このプログラムの実行結果は以下です。

```
これからCくんに係の仕事を頼みます
10 割る 2 は 5.0
```

「C」は係の人の名前であり、「Cくん」を意味します。次の**( )**の中の**x**と**y**はCくんが用意した箱xと箱yであり、先生から渡された2つの数をそれぞれ保存します。そして、仕事内容は箱xの中身を箱yの中身で割り算することです。これでCくんの係に対応するプログラムは完成となります。

先生の仕事は、Cくんに仕事を頼むことであり、「**C(10, 2)**」とプログラムを書くことによって実現できます。なお、「**10**」と「**2**」は先生からCくんに渡される数であり、「**10**」が箱xに、「**2**」が箱yにそれぞれ保存されます。

文字を黒板に書く係

「文字を黒板に書く係」であるDくんの係の仕事は、先生から渡された日付と曜日を書くことです。ここでは、「黒板に書く」代わりに「画面に表示する」こととします。このプログラムは次のように書くことができます。

```
#Dくんの係の仕事
def D( x, y, z ):
    print( x, '月', y, '日', z )      #仕事内容

#先生の仕事
print('これからDくんに係の仕事を頼みます')
D( 4, 23, '金曜日')
```

このプログラムの実行結果は以下です。

```
これからDくんに係の仕事を頼みます
4 月 23 日 金曜日
```

このように、数ばかりではなく、文字も引き数として係（関数）へ渡すことができます。

引数を使えば、先生から係の人へ数や文字を渡すことができます。

2つの係を組み合わせて行う仕事

Bくんは数を2倍する係でした。Cくんは2つの数の割り算をする係でした。一方、先生は2人から計算結果を教えてもらい、それらを足し算することになりました。これらの係や先生の仕事を次のプログラムで書くことができます。

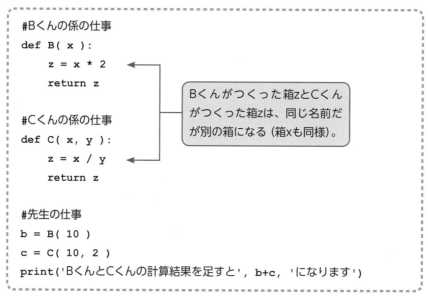

```python
#Bくんの係の仕事
def B( x ):
    z = x * 2
    return z


#Cくんの係の仕事
def C( x, y ):
    z = x / y
    return z


#先生の仕事
b = B( 10 )
c = C( 10, 2 )
print('BくんとCくんの計算結果を足すと', b+c, 'になります')
```

> Bくんがつくった箱zとCくんがつくった箱zは、同じ名前だが別の箱になる（箱xも同様）。

このプログラムを実行した結果は以下です。

> BくんとCくんの計算結果を足すと 25.0 になります

「**return z**」と書くことで「箱zの中身を先生に教える」という意味になります。このように、return命令を用いることによって、係に仕事を頼んだ人に答えを戻すことができます。ここで、Bくんが戻した答えは箱bに、Cくんが戻した答えは箱cにそれぞれ保存されます。なお、この戻される答えのことを「戻り値（もどりち）」といいます。

上のプログラムでは、Bくんは整数20を答えとして戻します。Cくんは割り算の結果を戻すので、Chapter 2で説明したように小数で5.0を戻します。先生は整数20と小数5.0を足しますが、Pythonでは整数と小数の計算結果は小数となるので、ここでは25.0と表示されます。

まとめ

☐ 係のように、役割が決められていて、呼ばれたら仕事をするプログラムを関数という。

☐ 関数（係）に渡す数や文字を引数という。

☐ 引数は2つ以上渡すこともできるが、渡す個数と同じだけ受け取る箱を用意する必要がある。

☐ 関数（係）を呼んだ人に答えを戻すことができる。これを戻り値という。

係（関数）の生徒に
仕事を頼めるので、
先生は楽になったよ！

▶ **復習1**

以下の文章の空欄 ⬚ に適切な言葉を入れ、文章を完成させなさい。

(1)
☐☐☐ Pythonでは係に相当するものを 関数 という。

(2)
☐☐☐ 係に渡す数や文字を 引数 という。

(3)
☐☐☐ 係を呼んだ人に戻す答えを 戻り値 という。

▶ **復習2**

以下の問題文どおりに実行されるプログラムとなるように、空欄 ⬚ を埋めなさい。なお、インデントに意識して答えること。

(1)
☐☐☐ 「号令をかける係」であるAくんに、「起立、礼、着席」と号令をかけるように頼む。

プログラム

```
#Aくんの係の仕事
def A():
    print('起立、礼、着席')


#先生の仕事
print('これからAくんに係の仕事を頼みます')
A()
```

(2)
□□□ 「数を2倍する係」であるBくんに、10を2倍するように頼む。

プログラム

```
#Bくんの係の仕事
def B( x ):
    print( x, 'を2倍すると', x * 2 )

#先生の仕事
print('これからBくんに係の仕事を頼みます')
B( 10 )
```

(3)
□□□ 「2つの数の割り算をする係」であるCくんに、10を2で割るように頼む。

プログラム

```
#Cくんの係の仕事
def C( x, y ):
    z = x / y
    print( x, '割る', y, 'は',  z )

#先生の仕事
print('これからCくんに係の仕事を頼みます')
C( 10, 2 )
```

(4)
□□□ 「文字を書く係」であるDくんに、日付と曜日（4月23日金曜日）を書くように頼む。

プログラム

```
#Dくんの係の仕事
def D( x, y, z ):
    print( x, '月', y, '日', z )

#先生の仕事
print('これからDくんに係の仕事を頼みます')
D( 4, 23, '金曜日' )
```

(5)
☐☐☐　問題(2)と(3)の計算結果を、先生が足し算する。

プログラム

```
#Bくんの係の仕事
def B( x ):
    z = x * 2
    return z


#Cくんの係の仕事
def C( x, y ):
    z = x / y
    return z


#先生の仕事
b = B( 10 )
c = C( 10, 2 )
print('BくんとCくんの計算結果を足すと', b+c, 'になります')
```

係の生徒が仕事の結果を
先生に戻すときには、
return 命令を使います。

▶ **演習1 (★★☆☆)**　　　　　　　／11　　／11　　／11

　以下の問いについて、プログラムを実行したときに**画面の表示**がどうなるか
答えなさい。

	プログラム	画面の表示
(1) □□□	```def hoge(): print('こんにちは')hoge()```	こんにちは
(2) □□□	```def hoge(): a = 10 + 2 print(a)hoge()```	12
(3) □□□	```def hoge(a): print(a)hoge(100)```	100
(4) □□□	```def hoge(txt): print(txt)hoge('あいうえお')```	あいうえお
(5) □□□	```def hoge(a): print(a + 64)hoge(100)```	164
(6) □□□	```def hoge(a): print(a + 10)hoge(42.195)```	52.195

9

係をつくる

	プログラム	画面の表示
(7) ☐☐☐	```def hoge(txt): print(txt + 'です')hoge('あいうえお')```	あいうえおです
(8) ☐☐☐	```def hoge(a, b): print(a + b)hoge(10, 20)```	30
(9) ☐☐☐	```def hoge(a, b): print(a + b)hoge('あいう', 'かきく')```	あいうかきく
(10) ☐☐☐	```def hoge(a, b): print(a, b)hoge(10, 'あいう')```	10 あいう
(11) ☐☐☐	```def hoge(b, a): print(a) print(b)hoge(10, 20)```	20 10

▶ **演習2 (★★★☆☆)**　　　　　[　/16　][　/16　][　/16　]

　以下の問いについて、プログラムを実行したときに<u>画面の表示</u>がどうなるか
答えなさい。

	プログラム	画面の表示
(1) ☐☐☐	```def hoge(a): a = a*2 return ax = hoge(100)print(x)```	200
(2) ☐☐☐	```def hoge(r): s = r*r*3.14 return sx = hoge(10)print(x)```	314.0

116

(3)
☐☐☐

```
def hoge( a ):
    b = 'ラ'*a
    return b

x = hoge( 3 )
print( x )
```

ラララ

(4)
☐☐☐

```
def hoge( a ):
    b = a*2
    return b

x = hoge( 'ル' )
print( x )
```

ルル

(5)
☐☐☐

```
def hoge( a ):
    b = a*a
    return b

x = 10
y = hoge( x )
print( y )
```

100

(6)
☐☐☐

```
def hoge( a ):
    b = 'ル'*a
    return b

x = 4
y = hoge( x )
print( y )
```

ルルルル

(7)
☐☐☐

```
def hoge( a ):
    b = a + 'さん'
    return b

x = 'たろう'
y = hoge( x )
print( y )
```

たろうさん

(8)
☐☐☐

```
def hoge( a, b ):
    c = a*b
    return c

x = hoge( 10, 5 )
print( x )
```

50

(9)
☐☐☐
```
def hoge( a, b ):
    c = 'ル'*a + 'ラ'*b
    return c

x = hoge( 2, 3 )
print( x )
```
ルルララ ラ

(10)
☐☐☐
```
def hoge( a, b ):
    c = a + b
    return c

x = hoge('カレー ', 'うどん')
print( x )
```
カレーうどん

(11)
☐☐☐
```
def hoge( a, b ):
    c = a * b
    return c

x = hoge('ラ', 3)
print( x )
```
ラララ

(12)
☐☐☐
```
def hoge( a, b ):
    c = a*b/2
    return c

x = 5
y = 11
z = hoge( x, y )
print( z )
```
27.5

(13)
☐☐☐
```
def hoge( a, b ):
    c = a + b
    return c

x = 'グレープ'
y = 'フルーツ'
z = hoge( x, y )
print( z )
```
グレープフルーツ

```
def hoge( a, b ):
    c = a * b
    return c

x = 'ル'
y = 4
z = hoge( x, y )
print( z )
```

(14) □□□

ルルルル

```
def hoge( a, b ):
    c = 'ル'*b + 'ラ'*a
    return c

x = hoge( 2, 3 )
print( x )
```

(15) □□□

ルルルララ

```
def hoge( a, b ):
    c = b + a
    return c

x = hoge('カレー', 'ライス')
print( x )
```

(16) □□□

ライスカレー

▶ 演習3 (★★★★★)

| /12 | /12 | /12 |

以下の問題文どおりに実行されるプログラムとなるように、空欄 [   ] を
埋めなさい。なお、インデントに意識して答えること。

(1) □□□
関数を呼び出すと、画面上に「こんにちは」と表示する。

プログラム
```
def hoge():
    print('こんにちは')

hoge()                    #関数の呼び出し
```

(2) □□□
関数に数「10」を渡すと、渡された数を2倍した結果を表示する。

プログラム
```
def hoge( a ):
    print(          a*2          )

hoge( 10 )        #関数の呼び出し
```

(3) 関数に文字を渡すと、渡された文字を表示する。

□□□

```
def hoge( a ):
    print(         a          )


hoge( 'こんにちは' )        #関数の呼び出し
```

(4) 関数に数「10」と数「20」を渡すと、2つの数を足した結果を表示する。

□□□

```
def hoge(        a, b         ):
    print( a + b )


hoge( 10, 20 )        #関数の呼び出し
```

(5) 関数に文字「きつね」と文字「うどん」を渡すと、2つの文字をつなげ
□□□ て表示する。

```
def hoge(        a, b         ):
    print( a + b )


hoge( 'きつね', 'うどん' )        #関数の呼び出し
```

(6) 関数に数を渡すと、1からその数までを順に表示する。

□□□

```
def hoge( a ):
    for i in range(        1, a+1        ):
        print(        i        )


x = 100        #関数hogeに渡す数
hoge( x )                #関数の呼び出し
```

(7) 関数に2つの数を渡すと、大きい方の数を画面上に表示する。
□□□

```
def hoge(          a, b          ):
    if a>b:
        print( a )
    else:
        print( b )

hoge( 10, 15 )     #関数の呼び出し
```

(8) 関数に商品の税抜き価格を渡すと、10％の消費税を加算（1.1倍）した結果を戻す。
□□□

```
def hoge( a ):
    t = a * 1.1
    return t

x = float( input() )     #商品の定価を入力
y = hoge( x )                     #関数の呼び出し
print( y )     #税込み価格の表示
```

(9) 関数に名前「たろう」を渡すと、前に文字「お名前は」をつけ、後に文字「さんです」をつなげてから戻す。
□□□

```
def hoge(          a          ):
    txt = 'お名前は' + a + 'さんです'
    return          txt

x = hoge( 'たろう' )     #関数の呼び出し
print( x )
```

(10)

☐☐☐ 関数に２つの数を渡すと、大きい方の数を戻す。

```
def hoge( a, b ):
    if a>b:
        c = a
    else:
        c = b
    return c
x = hoge( 10, 15 )      #関数の呼び出し
print('大きい方の数は', x)
```

(11)

☐☐☐ 関数に名前「たろう」と年齢「12」を渡すと、それらを表示する。

```
def hoge( a, b ):
    print(b, 'さんは', a, '歳')

name = 'たろう'       #名前
age = 12             #年齢
hoge( age, name )              #関数の呼び出し
```

(12)

☐☐☐ 関数に文字「あいう」と数「3」を渡すと、その文字を数の回数だけつなげた文字を戻す。

```
def hoge( a, b ):
    c =        a*b
    return c

x = hoge( 'あいう', 3 )      #関数の呼び出し
print( x )      #画面上に「あいうあいうあいう」と表示される
```

以下の問いについて、プログラムを実行したときに**画面の表示**がどうなるか答えなさい。

プログラム	画面の表示
(1) ☐☐☐ ```python\ndef hoge(a):\n if a > 100:\n a = 100\n if a < 0:\n a = 0\n return a\n\nx = hoge(256)\nprint(x)\n```	100
(2) ☐☐☐ ```python\ndef hoge(a):\n if a >= 60:\n t = '合格'\n if a < 0:\n t = '不合格'\n return t\n\nx = hoge(82)\nprint(x)\n```	合格
(3) ☐☐☐ ```python\ndef hoge(a):\n for i in range(1, a):\n print(i)\n\nhoge(5)\n```	1 2 3 4
(4) ☐☐☐ ```python\ndef hoge(a):\n sum = 0\n for i in range(1, a):\n sum = sum + i\n return sum\n\nx = hoge(5)\nprint(x)\n```	10

9

係をつくる

(5)
☐☐☐

```
def hoge(a, b, c):
    v = a
    if v<b:
        v = b
    if v<c:
        v = c
    return v

x = hoge(5, 12, 8)
print( x )
```

12

これで君も
プログラミングの
初心者を卒業だ！

みんな、ここまで
よく頑張りましたね。

付　録

コンピューターで Python を動かす

　本書は、パソコンなどのコンピューターを使わずとも学べるように構成されていますが、実際にコンピューター（Windowsなど）を使ってPythonのプログラムを動作させたい読者のために、その方法について簡単に説明します。

プログラムをつくるための準備

Pythonをインストールする

　まずは、自分のパソコンにPython言語でプログラミングを行うための環境を導入します。Pythonの公式ホームページ (https://www.python.org/) にアクセスし、[Downloads] のリンク先にある [Download Python 3.X.X] （3.X.Xの数字はバージョンアップで変わります）と書かれたボタンからPython環境をインストールするためのファイルをダウンロードしてください。

◆Pythonの公式ホームページ内のダウンロードページ。本書の発行前の時点（2021年1月）ではPythonの最新バージョンは3.9.1です。

ダウンロードしたpython-3.X.X.exeを実行すると、以下のようなウィンドウが表示されます。その中の [Add Python 3.X to PATH] と書かれている項目にもチェックを入れましょう。これはパソコンに「Pythonを動かすのに必要な一式がこのフォルダにありますよ」と教えてあげる操作になります。もしこれを行わなかった場合、パソコンに「Pythonを動かして！」と命令しても、パソコンはどこにPythonがあるのかわからないため、Pythonを動かすことができません。

　チェックをしたら、[Install Now] をクリックし、インストールを始めます。Pythonのインストールが完了すると、Pythonプログラムの作成、実行、実行結果の表示を行うツールを利用できるようになります。このツールがIDLEという統合開発環境です。

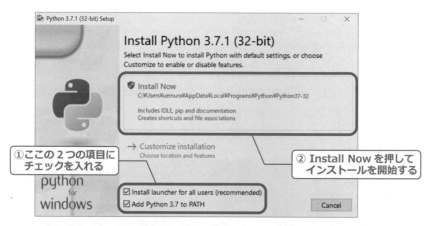

◆Pythonインストーラのウィザード画面。チェックボックスにチェックを
　入れるのを忘れずに。

Pythonのインストールを確認する

　インストールが完了したら、IDLEを使って、簡単なプログラムを実行してみましょう。

　IDLEは、デスクトップ画面左下にある検索ボックスから検索するか、ウィンドウズボタンをクリックしてアプリケーション一覧のPython 3.Xフォルダ内にあるアイコンから起動してください。

◆IDLEはアプリケーション一覧のPython 3.X フォルダ内にある。

IDLEを起動すると、次のようなウィンドウが表示されます。

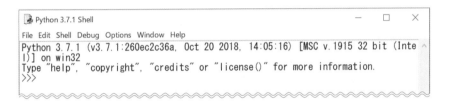

　このウィンドウは「**シェルウィンドウ**」とよばれるもので、対話形式でプログラムを1行ずつ実行することができます。画面ではプログラム入力待ちであることを表す「**>>>**（プロンプト）」が表示されている状態です。ここに「**print('Hello World')**」と書き込み、Enterキーを押しましょう。すると、以下のように、次の行に「**Hello World**」の1文が表示されます。

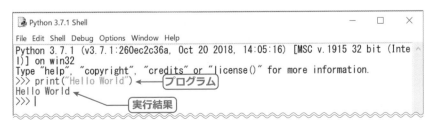

このような表示を確認できれば、あなたのコンピューターへのPythonのインストールは無事完了です。

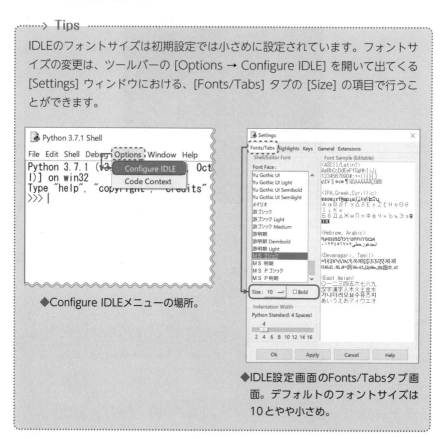
プログラミングを行うために

先ほど用いたシェルウィンドウは、「プログラムを1行入力すると、その1行分のプログラムが実行される」といった対話形式での操作になります。一つひとつの手順を確認するには便利ですが、長いプログラムをつくるには不向きです。このような場合は、次のエディタウィンドウを使うと便利です。

エディタウィンドウを使ってプログラムを書く

　シェルウィンドウのツールバーから [File → New File] を選択すると、エディタウィンドウが開くので、「**print('Hello World')**」と書きましょう。そして、エディタウィンドウのツールバーから [File → Save] を選択し、ファイルとして保存します。ここでは、仮にファイル名を「hello.py」とします。このようにプログラムが書かれたファイルを「**ソースファイル**」といいます。

◆エディタウィンドウとシェルウィンドウの画面。

エディタウィンドウからプログラムを実行する

　エディタウィンドウのツールバーから [Run → Run Module] を選択する（またはキーボードのF５キーを押す）ことで、プログラムが実行され、実行結果がシェルウィンドウに表示されます。なお、別のソースファイルをエディタウィンドウに読む込む場合には、ツールバーの [File → Open] から読み込むことができます。

◆エディタウィンドウのRun Moduleメニューを選択。シェルウィンドウに
　実行結果「Hello.World」が表示される。

ソースファイルからIDLEを起動する

　ソースファイルのアイコンを右クリックすると、以下のようなメニューが開きます。ここで [Edit with IDLE] を選択すると、IDLEが起動し、エディットウィンドウにソースファイルが読み込まれます。

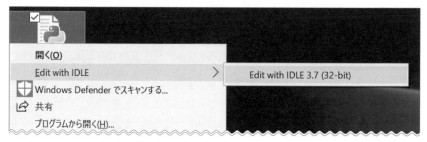

◆右クリックでメニューからIDLEを起動する。

> Tips

Windowsの初期設定ではファイルの拡張子が見えない設定となっています。フォルダを開いた画面上部のメニューにある [表示] タブ内の [ファイル名拡張子] にチェックを入れることで、ファイルの拡張子を表示させることができます。なお、拡張子とは、ファイル名の末尾に付く、ファイルの種類を表すものです。たとえば、テキストファイルなら「.txt」、画像ファイルなら「.jpg」など、Pythonによるプログラムなら「.py」がファイル名の末尾に付きます。

◆Windows 10でのファイル拡張子の表示設定画面。

これでコンピューターを使った
プログラミングもできるね。

索引

著 者 紹 介

星合　隆成（ほしあい・たかしげ）
工学博士。崇城大学教授。崇城大学 IoT・AI センター長。早稲田大学招聘研究員。一般社団法人 SCB ラボ所長。元 NTT 研究所主幹研究員・参与。NTT 在職中に、米国ベルコミュニケーション研究所客員研究員、群馬大学客員教授、電子情報通信学会運営委員などを歴任。世界初の P2P である「ブローカレス理論」やイノベーション創発に向けた「SCB 理論」の提唱者として知られる。主な著書に、『新世代ネットワーク技術の全貌 ブローカレスモデルと SIONet』（電気通信協会、2003 年）、『つながりを科学する 地域コミュニティブランド』（木楽舎、2018 年）がある。

植村　匠（うえむら・たくみ）
博士（工学）。熊本大学大学院自然科学研究科 博士後期課程修了。崇城大学准教授。崇城大学 IoT・AI センター運営委員。画像処理、パターン認識、コンピュータビジョン、ITS を専門とする。電子情報通信学会会員。

編集担当	村瀬健太（森北出版）
編集責任	藤原祐介（森北出版）
組　版	コーヤマ
印　刷	丸井工文社
製　本	同

パパッと Python
　―ドリルで入門プログラミング―　　　　　　Ⓒ 星合隆成・植村匠　2021

2021 年 3 月 31 日　第 1 版第 1 刷発行　　　　【本書の無断転載を禁ず】
2023 年 4 月 20 日　第 1 版第 3 刷発行

著　　　者　星合隆成・植村匠
発 行 者　森北博巳
発 行 所　森北出版株式会社
　　　　　　東京都千代田区富士見 1-4-11（〒102-0071）
　　　　　　電話 03-3265-8341／FAX 03-3264-8709
　　　　　　https://www.morikita.co.jp/
　　　　　　日本書籍出版協会・自然科学書協会　会員
　　　　　　JCOPY　＜（一社）出版者著作権管理機構　委託出版物＞

落丁・乱丁本はお取替えいたします.

Printed in Japan／ISBN978-4-627-87231-8